눈으로 읽고 마음으로 옮겨쓰는

이사야

[Isaiah]

시작한 날 :　　　　　　년　　　월　　　일

끝마친 날 :　　　　　　년　　　월　　　일

❖ 왼쪽면을 따라쓰실 때 반을 접어서 쓰시면 훨씬 수월합니다.

눈으로 읽고 마음으로 옮겨쓰는

이사야

초 판 1쇄 : 2026년 01월 20일
발 행 인 : 황경자
발 행 처 : 도서출판 두돌비
등록번호 : 2006. 8. 17 제 2006-12호
주 소 : 서울시 중랑구 동일로 107길 12
전 화 : (02) 964-6993 | 팩스 : (02) 2208-0153
E-mail : books153@hanmail.net

ISBN 978-89-85583-84-8

이사야

이사야는 유다 왕 때인 웃시야, 요담, 아하스, 히스기야 등 4대에 거쳐 약 60년 동안 활동했던 선지자로서(B.C 739-680) "여호와는 구원이시다"라는 뜻을 가지고 있다. 또한 아모스, 호세아 미가와 동시대에 활동했던 선지자 이기도 하다.

성경이 구약 39권, 신약 27권, 총 66권으로 이루어져 있는 것처럼 이사야서 역시 총 66장으로 전반부 39장, 후반부 27장의 구조를 가지고 있다. 또한 구약은 이스라엘의 범죄를, 신약은 그리스도의 구원 사역을 중심으로 이루어진 것처럼, 이사야서 역시 전반부에서는 하나님의 은혜를 거부하고 순종치 않은 이스라엘의 죄를, 후반부에서는 구원의 은혜를 베풀 하나님의 종으로 오실 메시아에 대하여 다루고 있다. 뿐만 아니라 신약의 계시록에 새 하늘과 새 땅의 신천신지에 대한 이야기를 언급하고 있는 것처럼, 이사야서에서도 이와 마찬가지로 후반부에 새 하늘과 새 땅이 도래해 신천신지를 이룰 것을 묘사함으로 끝맺고 있다.

＊ 이사야서의 특징

1. 구약의 복음서 또는 이사야의 복음
2. 메시아에 대해 구체적이고 풍부한 설명
3. 가장 긴 예언서이며 신약의 저자들이 가장 많이 이용
4. 온 세상에 대한 심판, 세계 만민의 구원, 신천신지의 도래
5. 구약 예언 중 가장 장구함(8~6세기)
6. 예언시 형태와 이야기식 형태가 나타남
7. 노래들을 많이 실었음 - 포도원의 노래(5장), 감사의 노래(12장), 바벨론의 멸망(14장), 꽃피는 사막의 노래(35장), 여호와의 종의 노래(42장, 49장, 50장, 52:13-53:12)

도표로 정리하면 다음과 같다

초점	심판과 회복 약속				역사적인 사건	하나님의 구원 사역과 왕국의 영광		
장	1-12	13-23	24-27	28-35	36-39	40-48	49-55	56-66
	유다	이방나라	열방	심판과 축복예언	히스기야 왕	이스라엘의 구속	이스라엘의 구속자	영광스런 미래
주제	하나님의 공의와 사랑							
기간	739-680(웃시야, 요담, 아하스, 히스기야 시대)							

년 월 일

이사야

1

1 유다 왕 웃시야와 요담과 아하스
와 히스기야 시대에 아모스의 아들
이사야가 유다와 예루살렘에 관하여
본 계시라

여호와의 말씀

2 ○ 하늘이여 들으라 땅이여 귀를 기
울이라 여호와께서 말씀하시기를 내
가 자식을 양육하였거늘 그들이 나를
거역하였도다
3 소는 그 임자를 알고 나귀는 그 주인
의 구유를 알건마는 이스라엘은 알지
못하고 나의 백성은 깨닫지 못하는도
다 하셨도다
4 슬프다 범죄한 나라요 허물 진 백성
이요 행악의 종자요 행위가 부패한
자식이로다 그들이 여호와를 버리며
이스라엘의 거룩하신 이를 만홀히 여
겨 멀리하고 물러갔도다
5 너희가 어찌하여 매를 더 맞으려고
패역을 거듭하느냐 온 머리는 병들었
고 온 마음은 피곤하였으며
6 발바닥에서 머리까지 성한 곳이 없이
상한 것과 터진 것과 새로 맞은 흔적

1】

2】

3】

4】

5】

6】

뿐이거늘 그것을 짜며 싸매며 기름으
로 부드럽게 함을 받지 못하였도다
7 너희의 땅은 황폐하였고 너희의 성읍
들은 불에 탔고 너희의 토지는 너희
목전에서 이방인에게 삼켜졌으며 이
방인에게 파괴됨 같이 황폐하였고
8 딸 시온은 포도원의 망대 같이, 참외
밭의 원두막 같이, 에워 싸인 성읍 같
이 겨우 남았도다
9 만군의 여호와께서 우리를 위하여 생
존자를 조금 남겨 두지 아니하셨더
면 우리가 소돔 같고 고모라 같았으
리로다
10 ○ 너희 소돔의 관원들아 여호와의
말씀을 들을지어다 너희 고모라의 백
성아 우리 하나님의 법에 귀를 기울
일지어다
11 여호와께서 말씀하시되 너희의 무수
한 제물이 내게 무엇이 유익하뇨 나
는 숫양의 번제와 살진 짐승의 기름
에 배불렀고 나는 수송아지나 어린
양이나 숫염소의 피를 기뻐하지 아니
하노라
12 너희가 내 앞에 보이러 오니 이것을
누가 너희에게 요구하였느냐 내 마당
만 밟을 뿐이니라
13 헛된 제물을 다시 가져오지 말라 분

7】

8】

9】

10】

11】

12】

13】

향은 내가 가증히 여기는 바요 월삭
과 안식일과 대회로 모이는 것도 그
러하니 성회와 아울러 악을 행하는
것을 내가 견디지 못하겠노라
14 내 마음이 너희의 월삭과 정한 절기
를 싫어하나니 그것이 내게 무거운
짐이라 내가 지기에 곤비하였느니라
15 너희가 손을 펼 때에 내가 내 눈을 너
희에게서 가리고 너희가 많이 기도할
지라도 내가 듣지 아니하리니 이는
너희의 손에 피가 가득함이라
16 너희는 스스로 씻으며 스스로 깨끗하
게 하여 내 목전에서 너희 악한 행실
을 버리며 행악을 그치고
17 선행을 배우며 정의를 구하며 학대
받는 자를 도와 주며 고아를 위하여
신원하며 과부를 위하여 변호하라 하
셨느니라
18 ○ 여호와께서 말씀하시되 오라 우리
가 서로 변론하자 너희의 죄가 주홍
같을지라도 눈과 같이 희어질 것이요
진홍 같이 붉을지라도 양털 같이 희
게 되리라
19 너희가 즐겨 순종하면 땅의 아름다운
소산을 먹을 것이요
20 너희가 거절하여 배반하면 칼에 삼켜
지리라 여호와의 입의 말씀이니라

14】

15】

16】

17】

18】

19】

20】

죄로 가득 찬 성읍

21 ○ 신실하던 성읍이 어찌하여 창기가
되었는고 정의가 거기에 충만하였고
공의가 그 가운데에 거하였더니 이제
는 살인자들뿐이로다

22 네 은은 찌꺼기가 되었고 네 포도주
에는 물이 섞였도다

23 네 고관들은 패역하여 도둑과 짝하며
다 뇌물을 사랑하며 예물을 구하며
고아를 위하여 신원하지 아니하며 과
부의 송사를 수리하지 아니하는도다

24 ○ 그러므로 주 만군의 여호와 이스
라엘의 전능자가 말씀하시되 슬프다
내가 장차 내 대적에게 보응하여 내
마음을 편하게 하겠고 내 원수에게
보복하리라

25 내가 또 내 손을 네게 돌려 네 찌꺼기
를 잿물로 씻듯이 녹여 청결하게 하
며 네 혼잡물을 다 제하여 버리고

26 내가 네 재판관들을 처음과 같이, 네
모사들을 본래와 같이 회복할 것이라
그리한 후에야 네가 의의 성읍이라,
신실한 고을이라 불리리라 하셨나니

27 시온은 정의로 구속함을 받고 그 돌
아온 자들은 공의로 구속함을 받으
리라

28 그러나 패역한 자와 죄인은 함께 패

21】

22】

23】

24】

25】

26】

27】

28】

망하고 여호와를 버린 자도 멸망할
것이라
29 너희가 기뻐하던 상수리나무로 말미
암아 너희가 부끄러움을 당할 것이요
너희가 택한 동산으로 말미암아 수치
를 당할 것이며
30 너희는 잎사귀 마른 상수리나무 같을
것이요 물 없는 동산 같으리니
31 강한 자는 삼오라기 같고 그의 행위
는 불티 같아서 함께 탈 것이나 끌 사
람이 없으리라

29】

30】

31】

칼을 쳐서 보습을 만들고

2 1 아모스의 아들 이사야가 받은 바
유다와 예루살렘에 관한 말씀이라
2 ○ 말일에 여호와의 전의 산이 모든
산 꼭대기에 굳게 설 것이요 모든 작
은 산 위에 뛰어나리니 만방이 그리
로 모여들 것이라
3 많은 백성이 가며 이르기를 오라 우리
가 여호와의 산에 오르며 야곱의 하나
님의 전에 이르자 그가 그의 길을 우리
에게 가르치실 것이라 우리가 그 길로
행하리라 하리니 이는 율법이 시온에
서부터 나올 것이요 여호와의 말씀이
예루살렘에서부터 나올 것임이니라
4 그가 열방 사이에 판단하시며 많은

1】

2】

3】

4】

백성을 판결하시리니 무리가 그들의
칼을 쳐서 보습을 만들고 그들의 창
을 쳐서 낫을 만들 것이며 이 나라와
저 나라가 다시는 칼을 들고 서로 치
지 아니하며 다시는 전쟁을 연습하지
아니하리라

여호와의 날

5 ○ 야곱 족속아 오라 우리가 여호와
의 빛에 행하자
6 주께서 주의 백성 야곱 족속을 버리
셨음은 그들에게 동방 풍속이 가득하
며 그들이 블레셋 사람들 같이 점을
치며 이방인과 더불어 손을 잡아 언
약하였음이라
7 그 땅에는 은금이 가득하고 보화가
무한하며 그 땅에는 마필이 가득하고
병거가 무수하며
8 그 땅에는 우상도 가득하므로 그들이
자기 손으로 짓고 자기 손가락으로
만든 것을 경배하여
9 천한 자도 절하며 귀한 자도 굴복하
오니 그들을 용서하지 마옵소서
10 너희는 바위 틈에 들어가며 진토에
숨어 여호와의 위엄과 그 광대하심의
영광을 피하라
11 그 날에 눈이 높은 자가 낮아지며 교
만한 자가 굴복되고 여호와께서 홀로

5】
6】
7】
8】
9】
10】
11】

높임을 받으시리라
12 ○ 대저 만군의 여호와의 날이 모든
교만한 자와 거만한 자와 자고한 자
에게 임하리니 그들이 낮아지리라
13 또 레바논의 높고 높은 모든 백향목
과 바산의 모든 상수리나무와
14 모든 높은 산과 모든 솟아 오른 작은
언덕과
15 모든 높은 망대와 모든 견고한 성벽과
16 다시스의 모든 배와 모든 아름다운
조각물에 임하리니
17 그 날에 자고한 자는 굴복되며 교만
한 자는 낮아지고 여호와께서 홀로
높임을 받으실 것이요
18 우상들은 온전히 없어질 것이며
19 사람들이 암혈과 토굴로 들어가서 여
호와께서 땅을 진동시키려고 일어나
실 때에 그의 위엄과 그 광대하심의
영광을 피할 것이라
20 사람이 자기를 위하여 경배하려고 만
들었던 은 우상과 금 우상을 그 날에
두더지와 박쥐에게 던지고
21 암혈과 험악한 바위 틈에 들어가서
여호와께서 땅을 진동시키려고 일어
나실 때에 그의 위엄과 그 광대하심
의 영광을 피하리라
22 너희는 인생을 의지하지 말라 그의

12】
13】
14】
15】
16】
17】
18】
19】
20】
21】
22】

호흡은 코에 있나니 셈할 가치가 어
디 있느냐

예루살렘의 멸망

3 1 보라 주 만군의 여호와께서 예루
살렘과 유다가 의뢰하며 의지하
는 것을 제하여 버리시되 곧 그가 의
지하는 모든 양식과 그가 의지하는
모든 물과
2 용사와 전사와 재판관과 선지자와 복
술자와 장로와
3 오십부장과 귀인과 모사와 정교한 장
인과 능란한 요술자를 그리하실 것
이며
4 그가 또 소년들을 그들의 고관으로
삼으시며 아이들이 그들을 다스리게
하시리니
5 백성이 서로 학대하며 각기 이웃을 잔
해하며 아이가 노인에게, 비천한 자가
존귀한 자에게 교만할 것이며
6 혹시 사람이 자기 아버지 집에서 자
기의 형제를 붙잡고 말하기를 네게는
겉옷이 있으니 너는 우리의 통치자가
되어 이 폐허를 네 손아래에 두라 할
것이면
7 그 날에 그가 소리를 높여 이르기를
나는 고치는 자가 되지 아니하겠노라

1】
2】
3】
4】
5】
6】
7】

내 집에는 양식도 없고 의복도 없으
니 너희는 나를 백성의 통치자로 삼
지 말라 하리라
8 예루살렘이 멸망하였고 유다가 엎드
러졌음은 그들의 언어와 행위가 여호
와를 거역하여 그의 영광의 눈을 범
하였음이라
9 그들의 안색이 불리하게 증거하며 그
들의 죄를 말해 주고 숨기지 못함이
소돔과 같으니 그들의 영혼에 화가 있
을진저 그들이 재앙을 자취하였도다
10 너희는 의인에게 복이 있으리라 말하
라 그들은 그들의 행위의 열매를 먹
을 것임이요
11 악인에게는 화가 있으리니 이는 그의
손으로 행한 대로 그가 보응을 받을
것임이니라
12 내 백성을 학대하는 자는 아이요 다
스리는 자는 여자들이라 내 백성이여
네 인도자들이 너를 유혹하여 네가
다닐 길을 어지럽히느니라

여호와께서 백성을 심판하시다

13 ○ 여호와께서 변론하러 일어나시며
백성들을 심판하려고 서시도다
14 여호와께서 자기 백성의 장로들과 고
관들을 심문하러 오시리니 포도원을
삼킨 자는 너희이며 가난한 자에게서

8】

9】

10】

11】

12】

13】

14】

년 월 일

탈취한 물건이 너희의 집에 있도다
15 어찌하여 너희가 내 백성을 짓밟으며
가난한 자의 얼굴에 맷돌질하느냐 주
만군의 여호와 내가 말하였느니라 하
시도다

시온의 딸들에게 말씀하시다

16 ○ 여호와께서 또 말씀하시되 시온
의 딸들이 교만하여 늘인 목, 정을 통
하는 눈으로 다니며 아기작거려 걸으
며 발로는 쟁쟁한 소리를 낸다 하시
도다
17 그러므로 주께서 시온의 딸들의 정수
리에 딱지가 생기게 하시며 여호와께
서 그들의 하체가 드러나게 하시리라
18 주께서 그 날에 그들이 장식한 발목
고리와 머리의 망사와 반달 장식과
19 귀 고리와 팔목 고리와 얼굴 가리개와
20 화관과 발목 사슬과 띠와 향합과 호
신부와
21 반지와 코 고리와
22 예복과 겉옷과 목도리와 손 주머니와
23 손 거울과 세마포 옷과 머리 수건과
너울을 제하시리니
24 그 때에 썩은 냄새가 향기를 대신하
고 노끈이 띠를 대신하고 대머리가
숱한 머리털을 대신하고 굵은 베 옷
이 화려한 옷을 대신하고 수치스러운

흔적이 아름다움을 대신할 것이며
25 너희의 장정은 칼에, 너희의 용사는
전란에 망할 것이며
26 그 성문은 슬퍼하며 곡할 것이요 시
온은 황폐하여 땅에 앉으리라

25】

26】

4

1 그 날에 일곱 여자가 한 남자를
붙잡고 말하기를 우리가 우리 떡을
먹으며 우리 옷을 입으리니 다만 당신
의 이름으로 우리를 부르게 하여 우리
가 수치를 면하게 하라 하리라

1】

예루살렘을 청결하게 하실 때

2 ○ 그 날에 여호와의 싹이 아름답고
영화로울 것이요 그 땅의 소산은 이
스라엘의 피난한 자를 위하여 영화롭
고 아름다울 것이며
3 시온에 남아 있는 자, 예루살렘에 머
물러 있는 자 곧 예루살렘 안에 생존
한 자 중 기록된 모든 사람은 거룩하
다 칭함을 얻으리니
4 이는 주께서 심판하는 영과 소멸하는
영으로 시온의 딸들의 더러움을 씻기
시며 예루살렘의 피를 그 중에서 청결
하게 하실 때가 됨이라
5 여호와께서 거하시는 온 시온 산과 모
든 집회 위에 낮이면 구름과 연기, 밤
이면 화염의 빛을 만드시고 그 모든

2】

3】

4】

5】

영광 위에 덮개를 두시며
6 또 초막이 있어서 낮에는 더위를 피
하는 그늘을 지으며 또 풍우를 피하
여 숨는 곳이 되리라

포도원 노래

5

1 나는 내가 사랑하는 자를 위하여
노래하되 내가 사랑하는 자의 포도
원을 노래하리라 내가 사랑하는 자
에게 포도원이 있음이여 심히 기름진
산에로다
2 땅을 파서 돌을 제하고 극상품 포도
나무를 심었도다 그 중에 망대를 세
웠고 또 그 안에 술틀을 팠도다 좋은
포도 맺기를 바랐더니 들포도를 맺었
도다
3 ○ 예루살렘 주민과 유다 사람들아
구하노니 이제 나와 내 포도원 사이
에서 사리를 판단하라
4 내가 내 포도원을 위하여 행한 것 외
에 무엇을 더할 것이 있으랴 내가 좋
은 포도 맺기를 기다렸거늘 들포도를
맺음은 어찌 됨인고
5 이제 내가 내 포도원에 어떻게 행할
지를 너희에게 이르리라 내가 그 울
타리를 걷어 먹힘을 당하게 하며 그
담을 헐어 짓밟히게 할 것이요

6 내가 그것을 황폐하게 하리니 다시는
가지를 자름이나 북을 돋우지 못하여
찔레와 가시가 날 것이며 내가 또 구
름에게 명하여 그 위에 비를 내리지
못하게 하리라 하셨으니
7 무릇 만군의 여호와의 포도원은 이스
라엘 족속이요 그가 기뻐하시는 나무
는 유다 사람이라 그들에게 정의를
바라셨더니 도리어 포학이요 그들에
게 공의를 바라셨더니 도리어 부르짖
음이었도다

사람이 저지르는 악한 일

8 ○ 가옥에 가옥을 이으며 전토에 전
토를 더하여 빈 틈이 없도록 하고 이
땅 가운데에서 홀로 거주하려 하는
자들은 화 있을진저
9 만군의 여호와께서 내 귀에 말씀하시
되 정녕히 허다한 가옥이 황폐하리니
크고 아름다울지라도 거주할 자가 없
을 것이며
10 열흘 갈이 포도원에 겨우 포도주 한
바트가 나겠고 한 호멜의 종자를 뿌
려도 간신히 한 에바가 나리라 하시
도다
11 아침에 일찍이 일어나 독주를 마시며
밤이 깊도록 포도주에 취하는 자들은
화 있을진저

6】

7】

8】

9】

10】

11】

12 그들이 연회에는 수금과 비파와 소고
와 피리와 포도주를 갖추었어도 여호
와께서 행하시는 일에 관심을 두지
아니하며 그의 손으로 하신 일을 보
지 아니하는도다
13 ○ 그러므로 내 백성이 무지함으로
말미암아 사로잡힐 것이요 그들의 귀
한 자는 굶주릴 것이요 무리는 목마
를 것이라
14 그러므로 스올이 욕심을 크게 내어
한량 없이 그 입을 벌린즉 그들의 호
화로움과 그들의 많은 무리와 그들의
떠드는 것과 그 중에서 즐거워하는
자가 거기에 빠질 것이라
15 여느 사람은 구푸리고 존귀한 자는
낮아지고 오만한 자의 눈도 낮아질
것이로되
16 오직 만군의 여호와는 정의로우시므
로 높임을 받으시며 거룩하신 하나님
은 공의로우시므로 거룩하다 일컬음
을 받으시리니
17 그 때에는 어린 양들이 자기 초장에
있는 것 같이 풀을 먹을 것이요 유리
하는 자들이 부자의 버려진 밭에서
먹으리라
18 ○ 거짓으로 끈을 삼아 죄악을 끌며
수레 줄로 함 같이 죄악을 끄는 자는

화 있을진저

19 그들이 이르기를 그는 자기의 일을
속속히 이루어 우리에게 보게 할 것
이며 이스라엘의 거룩한 이는 자기의
계획을 속히 이루어 우리가 알게 할
것이라 하는도다

20 악을 선하다 하며 선을 악하다 하며
흑암으로 광명을 삼으며 광명으로 흑
암을 삼으며 쓴 것으로 단 것을 삼으
며 단 것으로 쓴 것을 삼는 자들은 화
있을진저

21 스스로 지혜롭다 하며 스스로 명철하
다 하는 자들은 화 있을진저

22 포도주를 마시기에 용감하며 독주를
잘 빚는 자들은 화 있을진저

23 그들은 뇌물로 말미암아 악인을 의롭
다 하고 의인에게서 그 공의를 빼앗
는도다

24 ○ 이로 말미암아 불꽃이 그루터기
를 삼킴 같이, 마른 풀이 불 속에 떨
어짐 같이 그들의 뿌리가 썩겠고 꽃
이 티끌처럼 날리리니 그들이 만군
의 여호와의 율법을 버리며 이스라
엘의 거룩하신 이의 말씀을 멸시하
였음이라

25 그러므로 여호와께서 자기 백성에게
노를 발하시고 그들 위에 손을 들어

19】

20】

21】

22】

23】

24】

25】

그들을 치신지라 산들은 진동하며 그
들의 시체는 거리 가운데에 분토 같
이 되었도다 그럴지라도 그의 노가
돌아서지 아니하였고 그의 손이 여전
히 펼쳐져 있느니라
26 ○ 또 그가 기치를 세우시고 먼 나라
들을 불러 땅 끝에서부터 자기에게로
오게 하실 것이라 보라 그들이 빨리
달려올 것이로되
27 그 중에 곤핍하여 넘어지는 자도 없
을 것이며 조는 자나 자는 자도 없을
것이며 그들의 허리띠는 풀리지 아니
하며 그들의 들메끈은 끊어지지 아니
하며
28 그들의 화살은 날카롭고 모든 활은
당겨졌으며 그들의 말굽은 부싯돌 같
고 병거 바퀴는 회오리바람 같을 것
이며
29 그들의 부르짖음은 암사자 같을 것이
요 그들의 소리지름은 어린 사자들과
같을 것이라 그들이 부르짖으며 먹이
를 움켜 가져가 버려도 건질 자가 없
으리로다
30 그 날에 그들이 바다 물결 소리 같이
백성을 향하여 부르짖으리니 사람이
그 땅을 바라보면 흑암과 고난이 있
고 빛은 구름에 가려서 어두우리라

26】

27】

28】

29】

30】

이사야를 선지자로 부르시다

6 1 웃시야 왕이 죽던 해에 내가 본즉
주께서 높이 들린 보좌에 앉으셨
는데 그의 옷자락은 성전에 가득하
였고
2 스랍들이 모시고 섰는데 각기 여섯
날개가 있어 그 둘로는 자기의 얼굴
을 가리었고 그 둘로는 자기의 발을
가리었고 그 둘로는 날며
3 서로 불러 이르되 거룩하다 거룩하다
거룩하다 만군의 여호와여 그의 영광
이 온 땅에 충만하도다 하더라
4 이같이 화답하는 자의 소리로 말미
암아 문지방의 터가 요동하며 성전에
연기가 충만한지라
5 그 때에 내가 말하되 화로다 나여 망
하게 되었도다 나는 입술이 부정한
사람이요 나는 입술이 부정한 백성
중에 거주하면서 만군의 여호와이신
왕을 뵈었음이로다 하였더라
6 ○ 그 때에 그 스랍 중의 하나가 부젓
가락으로 제단에서 집은 바 핀 숯을
손에 가지고 내게로 날아와서
7 그것을 내 입술에 대며 이르되 보라
이것이 네 입에 닿았으니 네 악이 제
하여졌고 네 죄가 사하여졌느니라 하
더라

1】

2】

3】

4】

5】

6】

7】

8 내가 또 주의 목소리를 들으니 주께
서 이르시되 내가 누구를 보내며 누
가 우리를 위하여 갈꼬 하시니 그 때
에 내가 이르되 내가 여기 있나이다
나를 보내소서 하였더니
9 여호와께서 이르시되 가서 이 백성
에게 이르기를 너희가 듣기는 들어
도 깨닫지 못할 것이요 보기는 보아
도 알지 못하리라 하여
10 이 백성의 마음을 둔하게 하며 그들
의 귀가 막히고 그들의 눈이 감기게
하라 염려하건대 그들이 눈으로 보고
귀로 듣고 마음으로 깨닫고 다시 돌아
와 고침을 받을까 하노라 하시기로
11 내가 이르되 주여 어느 때까지니이까
하였더니 주께서 대답하시되 성읍들은
황폐하여 주민이 없으며 가옥들에는
사람이 없고 이 토지는 황폐하게 되며
12 여호와께서 사람들을 멀리 옮기셔서
이 땅 가운데에 황폐한 곳이 많을 때
까지니라
13 그 중에 십분의 일이 아직 남아 있을
지라도 이것도 황폐하게 될 것이나
밤나무와 상수리나무가 베임을 당하
여도 그 그루터기는 남아 있는 것 같
이 거룩한 씨가 이 땅의 그루터기니
라 하시더라

8】

9】

10】

11】

12】

13】

아하스 왕에게 삼가며 조용하라 하시다

7
1 웃시야의 손자요 요담의 아들인
유다의 아하스 왕 때에 아람의 르
신 왕과 르말리야의 아들 이스라엘의
베가 왕이 올라와서 예루살렘을 쳤으
나 능히 이기지 못하니라
2 어떤 사람이 다윗의 집에 알려 이르
되 아람이 에브라임과 동맹하였다 하
였으므로 왕의 마음과 그의 백성의
마음이 숲이 바람에 흔들림 같이 흔
들렸더라
3 ○ 그 때에 여호와께서 이사야에게
이르시되 너와 네 아들 스알야숩은
윗못 수도 끝 세탁자의 밭 큰 길에 나
가서 아하스를 만나
4 그에게 이르기를 너는 삼가며 조용하
라 르신과 아람과 르말리야의 아들이
심히 노할지라도 이들은 연기 나는
두 부지깽이 그루터기에 불과하니 두
려워하지 말며 낙심하지 말라
5 아람과 에브라임과 르말리야의 아들
이 악한 꾀로 너를 대적하여 이르기를
6 우리가 올라가 유다를 쳐서 그것을 쓰
러뜨리고 우리를 위하여 그것을 무너
뜨리고 다브엘의 아들을 그 중에 세
워 왕으로 삼자 하였으나
7 주 여호와의 말씀이 그 일은 서지 못

1】

2】

3】

4】

5】

6】

7】

하며 이루어지지 못하리라
8 대저 아람의 머리는 다메섹이요 다메
섹의 머리는 르신이며 육십오년 내에
에브라임이 패망하여 다시는 나라를
이루지 못할 것이며
9 에브라임의 머리는 사마리아요 사마
리아의 머리는 르말리야의 아들이니
라 만일 너희가 굳게 믿지 아니하면
너희는 굳게 서지 못하리라 하시니라

임마누엘의 징조

10 ○ 여호와께서 또 아하스에게 말씀하
여 이르시되
11 너는 네 하나님 여호와께 한 징조를
구하되 깊은 데에서든지 높은 데에서
든지 구하라 하시니
12 아하스가 이르되 나는 구하지 아니하
겠나이다 나는 여호와를 시험하지 아
니하겠나이다 한지라
13 이사야가 이르되 다윗의 집이여 원하
건대 들을지어다 너희가 사람을 괴롭
히고서 그것을 작은 일로 여겨 또 나
의 하나님을 괴롭히려 하느냐
14 그러므로 주께서 친히 징조를 너희에
게 주실 것이라 보라 처녀가 잉태하
여 아들을 낳을 것이요 그의 이름을
임마누엘이라 하리라
15 그가 악을 버리며 선을 택할 줄 알 때

8】

9】

10】

11】

12】

13】

14】

15】

가 되면 엉긴 젖과 꿀을 먹을 것이라
16 대저 이 아이가 악을 버리며 선을 택
할 줄 알기 전에 네가 미워하는 두 왕
의 땅이 황폐하게 되리라
17 여호와께서 에브라임이 유다를 떠날
때부터 당하여 보지 못한 날을 너와 네
백성과 네 아버지 집에 임하게 하시리
니 곧 앗수르 왕이 오는 날이니라
18 ○ 그 날에는 여호와께서 애굽 하수
에서 먼 곳의 파리와 앗수르 땅의 벌
을 부르시리니
19 다 와서 거친 골짜기와 바위 틈과 가시
나무 울타리와 모든 초장에 앉으리라
20 ○ 그 날에는 주께서 하수 저쪽에서
세내어 온 삭도 곧 앗수르 왕으로 네
백성의 머리 털과 발 털을 미실 것이
요 수염도 깎으시리라
21 ○ 그 날에는 사람이 한 어린 암소와
두 양을 기르리니
22 그것들이 내는 젖이 많으므로 엉긴 젖
을 먹을 것이라 그 땅 가운데에 남아
있는 자는 엉긴 젖과 꿀을 먹으리라
23 ○ 그 날에는 천 그루에 은 천 개의
가치가 있는 포도나무가 있던 곳마다
찔레와 가시가 날 것이라
24 온 땅에 찔레와 가시가 있으므로 화
살과 활을 가지고 그리로 갈 것이요

16】

17】

18】

19】

20】

21】

22】

23】

24】

25 보습으로 갈던 모든 산에도 찔레와
가시 때문에 두려워서 그리로 가지
못할 것이요 그 땅은 소를 풀어 놓으
며 양이 밟는 곳이 되리라

25】

이사야의 아들

8 1 여호와께서 내게 이르시되 너는
큰 서판을 가지고 그 위에 통용 문
자로 마헬살랄하스바스라 쓰라
2 내가 진실한 증인 제사장 우리야와
여베레기야의 아들 스가랴를 불러 증
언하게 하리라 하시더니
3 내가 내 아내를 가까이 하매 그가 임
신하여 아들을 낳은지라 여호와께서
내게 이르시되 그의 이름을 마헬살랄
하스바스라 하라
4 이는 이 아이가 내 아빠, 내 엄마라
부를 줄 알기 전에 다메섹의 재물과
사마리아의 노략물이 앗수르 왕 앞에
옮겨질 것임이라 하시니라

앗수르 왕의 침략

5 ○ 여호와께서 다시 내게 말씀하여
이르시되
6 이 백성이 천천히 흐르는 실로아 물
을 버리고 르신과 르말리야의 아들을
기뻐하느니라
7 그러므로 주 내가 흉용하고 창일한

1】
2】
3】
4】
5】
6】
7】

큰 하수 곧 앗수르 왕과 그의 모든 위
력으로 그들을 뒤덮을 것이라 그 모
든 골짜기에 차고 모든 언덕에 넘쳐
8 흘러 유다에 들어와서 가득하여 목에
까지 미치리라 임마누엘이여 그가 펴
는 날개가 네 땅에 가득하리라 하셨
느니라

여호와께서 깨우치시다

9 ○ 너희 민족들아 함성을 질러 보아
라 그러나 끝내 패망하리라 너희 먼
나라 백성들아 들을지니라 너희 허
리를 동이라 그러나 끝내 패망하리라
너희 허리에 띠를 띠라 그러나 끝내
패망하리라
10 너희는 함께 계획하라 그러나 끝내
이루지 못하리라 말을 해 보아라 끝
내 시행되지 못하리라 이는 하나님이
우리와 함께 계심이니라
11 여호와께서 강한 손으로 내게 알려
주시며 이 백성의 길로 가지 말 것을
내게 깨우쳐 이르시되
12 이 백성이 반역자가 있다고 말하여도
너희는 그 모든 말을 따라 반역자가
있다고 하지 말며 그들이 두려워하는
것을 너희는 두려워하지 말며 놀라지
말고
13 만군의 여호와 그를 너희가 거룩하다

8】

9】

10】

11】

12】

13】

하고 그를 너희가 두려워하며 무서워
할 자로 삼으라
14 그가 성소가 되시리라 그러나 이스라
엘의 두 집에는 걸림돌과 걸려 넘어
지는 반석이 되실 것이며 예루살렘
주민에게는 함정과 올무가 되시리니
15 많은 사람들이 그로 말미암아 걸려
넘어질 것이며 부러질 것이며 덫에
걸려 잡힐 것이니라

율법과 증거의 말씀을 따르라

16 ○ 너는 증거의 말씀을 싸매며 율법
을 내 제자들 가운데에서 봉함하라
17 이제 야곱의 집에 대하여 얼굴을 가
리시는 여호와를 나는 기다리며 그를
바라보리라
18 보라 나와 및 여호와께서 내게 주신
자녀들이 이스라엘 중에 징조와 예표
가 되었나니 이는 시온 산에 계신 만
군의 여호와께로 말미암은 것이니라
19 ○ 어떤 사람이 너희에게 말하기를 주
절거리며 속살거리는 신접한 자와 마
술사에게 물으라 하거든 백성이 자기
하나님께 구할 것이 아니냐 산 자를
위하여 죽은 자에게 구하겠느냐 하라
20 마땅히 율법과 증거의 말씀을 따를지
니 그들이 말하는 바가 이 말씀에 맞
지 아니하면 그들이 정녕 아침 빛을

14】

15】

16】

17】

18】

19】

20】

보지 못하고
21 이 땅으로 헤매며 곤고하며 굶주릴
것이라 그가 굶주릴 때에 격분하여
자기의 왕과 자기의 하나님을 저주할
것이며 위를 쳐다보거나
22 땅을 굽어보아도 환난과 흑암과 고
통의 흑암뿐이리니 그들이 심한 흑암
가운데로 쫓겨 들어가리라

21】

22】

평강의 왕

9 1 전에 고통 받던 자들에게는 흑암
이 없으리로다 옛적에는 여호와께
서 스불론 땅과 납달리 땅이 멸시를
당하게 하셨더니 후에는 해변 길과
요단 저쪽 이방의 갈릴리를 영화롭게
하셨느니라
2 흑암에 행하던 백성이 큰 빛을 보고
사망의 그늘진 땅에 거주하던 자에게
빛이 비치도다
3 주께서 이 나라를 창성하게 하시며
그 즐거움을 더하게 하셨으므로 추
수하는 즐거움과 탈취물을 나눌 때의
즐거움 같이 그들이 주 앞에서 즐거
워하오니
4 이는 그들이 무겁게 멘 멍에와 그들
의 어깨의 채찍과 그 압제자의 막대
기를 주께서 꺾으시되 미디안의 날과

1】

2】

3】

4】

같이 하셨음이니이다
5 어지러이 싸우는 군인들의 신과 피 묻
은 겉옷이 불에 섶 같이 살라지리니
6 이는 한 아기가 우리에게 났고 한 아
들을 우리에게 주신 바 되었는데 그
의 어깨에는 정사를 메었고 그의 이
름은 기묘자라, 모사라, 전능하신 하
나님이라, 영존하시는 아버지라, 평강
의 왕이라 할 것임이라
7 그 정사와 평강의 더함이 무궁하며
또 다윗의 왕좌와 그의 나라에 군림
하여 그 나라를 굳게 세우고 지금 이
후로 영원히 정의와 공의로 그것을
보존하실 것이라 만군의 여호와의 열
심이 이를 이루시리라

주께서 이스라엘을 벌하시리라

8 ○ 주께서 야곱에게 말씀을 보내시
며 그것을 이스라엘에게 임하게 하
셨은즉
9 모든 백성 곧 에브라임과 사마리아
주민이 알 것이어늘 그들이 교만하고
완악한 마음으로 말하기를
10 벽돌이 무너졌으나 우리는 다듬은 돌
로 쌓고 뽕나무들이 찍혔으나 우리는
백향목으로 그것을 대신하리라 하는
도다
11 그러므로 여호와께서 르신의 대적들

5】

6】

7】

8】

9】

10】

11】

을 일으켜 그를 치게 하시며 그의 원
수들을 격동시키시리니
12 앞에는 아람 사람이요 뒤에는 블레셋
사람이라 그들이 모두 입을 벌려 이
스라엘을 삼키리라 그럴지라도 여호
와의 진노가 돌아서지 아니하며 그의
손이 여전히 펴져 있으리라
13 ○ 그리하여도 그 백성이 자기들을
치시는 이에게로 돌아오지 아니하며
만군의 여호와를 찾지 아니하도다
14 그러므로 여호와께서 하루 사이에 이
스라엘 중에서 머리와 꼬리와 종려나
무 가지와 갈대를 끊으시리니
15 그 머리는 곧 장로와 존귀한 자요 그
꼬리는 곧 거짓말을 가르치는 선지
자라
16 백성을 인도하는 자가 그들을 미혹하
니 인도를 받는 자들이 멸망을 당하
는도다
17 이 백성이 모두 경건하지 아니하며
악을 행하며 모든 입으로 망령되이
말하니 그러므로 주께서 그들의 장
정들을 기뻐하지 아니하시며 그들의
고아와 과부를 긍휼히 여기지 아니하
시리라 그럴지라도 여호와의 진노가
돌아서지 아니하며 그의 손이 여전히
펴져 있으리라

12】

13】

14】

15】

16】

17】

18 ○ 대저 악행은 불 타오르는 것 같으
니 곧 찔레와 가시를 삼키며 빽빽한
수풀을 살라 연기가 위로 올라가게
함과 같은 것이라
19 만군의 여호와의 진노로 말미암아 이
땅이 불타리니 백성은 불에 섶과 같
을 것이라 사람이 자기의 형제를 아
끼지 아니하며
20 오른쪽으로 움킬지라도 주리고 왼쪽
으로 먹을지라도 배부르지 못하여 각
각 자기 팔의 고기를 먹을 것이며
21 므낫세는 에브라임을, 에브라임은 므
낫세를 먹을 것이요 또 그들이 합하
여 유다를 치리라 그럴지라도 여호와
의 진노가 돌아서지 아니하며 그의
손이 여전히 펴져 있으리라

18】

19】

20】

21】

10
1 불의한 법령을 만들며 불의한 말
을 기록하며
2 가난한 자를 불공평하게 판결하여 가
난한 내 백성의 권리를 박탈하며 과
부에게 토색하고 고아의 것을 약탈하
는 자는 화 있을진저
3 벌하시는 날과 멀리서 오는 환난 때
에 너희가 어떻게 하려느냐 누구에게
로 도망하여 도움을 구하겠으며 너희
의 영화를 어느 곳에 두려느냐

1】

2】

3】

4 포로 된 자 아래에 구푸리며 죽임을
당한 자 아래에 엎드러질 따름이니라
그럴지라도 여호와의 진노가 돌아서
지 아니하며 그의 손이 여전히 펴져
있으리라

4】

하나님의 도구인 앗수르

5 ○ 앗수르 사람은 화 있을진저 그는
내 진노의 막대기요 그 손의 몽둥이
는 내 분노라
6 내가 그를 보내어 경건하지 아니한 나
라를 치게 하며 내가 그에게 명령하여
나를 노하게 한 백성을 쳐서 탈취하며
노략하게 하며 또 그들을 길거리의 진
흙 같이 짓밟게 하려 하거니와
7 그의 뜻은 이같지 아니하며 그의 마
음의 생각도 이같지 아니하고 다만
그의 마음은 허다한 나라를 파괴하며
멸절하려 하는도다
8 그가 이르기를 내 고관들은 다 왕들
이 아니냐
9 갈로는 갈그미스와 같지 아니하며 하
맛은 아르밧과 같지 아니하며 사마리
아는 다메섹과 같지 아니하냐
10 내 손이 이미 우상을 섬기는 나라들
에 미쳤나니 그들이 조각한 신상들이
예루살렘과 사마리아의 신상들보다
뛰어났느니라

5】

6】

7】

8】

9】

10】

11 내가 사마리아와 그의 우상들에게 행
함 같이 예루살렘과 그의 우상들에게
행하지 못하겠느냐 하는도다
12 ○ 그러므로 주께서 주의 일을 시온
산과 예루살렘에 다 행하신 후에 앗
수르 왕의 완악한 마음의 열매와 높
은 눈의 자랑을 벌하시리라
13 그의 말에 나는 내 손의 힘과 내 지
혜로 이 일을 행하였나니 나는 총명
한 자라 열국의 경계선을 걷어치웠고
그들의 재물을 약탈하였으며 또 용감
한 자처럼 위에 거주한 자들을 낮추
었으며
14 내 손으로 열국의 재물을 얻은 것은
새의 보금자리를 얻음 같고 온 세계를
얻은 것은 내버린 알을 주움 같았으나
날개를 치거나 입을 벌리거나 지저귀
는 것이 하나도 없었다 하는도다
15 ○ 도끼가 어찌 찍는 자에게 스스로
자랑하겠으며 톱이 어찌 켜는 자에게
스스로 큰 체하겠느냐 이는 막대기가
자기를 드는 자를 움직이려 하며 몽
둥이가 나무 아닌 사람을 들려 함과
같음이로다
16 그러므로 주 만군의 여호와께서 살진
자를 파리하게 하시며 그의 영화 아
래에 불이 붙는 것 같이 맹렬히 타게

11】

12】

13】

14】

15】

16】

하실 것이라
17 이스라엘의 빛은 불이 되고 그의 거
룩하신 이는 불꽃이 되실 것이니라
하루 사이에 그의 가시와 찔레가 소
멸되며
18 그의 숲과 기름진 밭의 영광이 전부
소멸되리니 병자가 점점 쇠약하여 감
같을 것이라
19 그의 숲에 남은 나무의 수가 희소하여
아이라도 능히 계수할 수 있으리라

남은 자만 돌아오리라

20 ○ 그 날에 이스라엘의 남은 자와 야
곱 족속의 피난한 자들이 다시는 자
기를 친 자를 의지하지 아니하고 이
스라엘의 거룩하신 이 여호와를 진실
하게 의지하리니
21 남은 자 곧 야곱의 남은 자가 능하신
하나님께로 돌아올 것이라
22 이스라엘이여 네 백성이 바다의 모래
같을지라도 남은 자만 돌아오리니 넘
치는 공의로 파멸이 작정되었음이라
23 이미 작정된 파멸을 주 만군의 여호
와께서 온 세계 중에 끝까지 행하시
리라

주께서 앗수르를 멸하시리라

24 ○ 그러므로 주 만군의 여호와께서
이르시되 시온에 거주하는 내 백성들

17】
18】
19】
20】
21】
22】
23】
24】

아 앗수르가 애굽이 한 것처럼 막대
기로 너를 때리며 몽둥이를 들어 너
를 칠지라도 그를 두려워하지 말라
25 내가 오래지 아니하여 네게는 분을
그치고 그들은 내 진노로 멸하리라
하시도다
26 만군의 여호와께서 채찍을 들어 그를
치시되 오렙 바위에서 미디안을 쳐죽
이신 것 같이 하실 것이며 막대기를
드시되 바다를 향하여 애굽에서 하신
것 같이 하실 것이라
27 그 날에 그의 무거운 짐이 네 어깨에
서 떠나고 그의 멍에가 네 목에서 벗
어지되 기름진 까닭에 멍에가 부러지
리라

침략자들의 공격

28 ○ 그가 아얏에 이르러 미그론을 지
나 믹마스에 그의 장비를 두고
29 산을 넘어 게바에서 유숙하매 라마는
떨고 사울의 기브아는 도망하도다
30 딸 갈림아 큰 소리로 외칠지어다 라
이사야 자세히 들을지어다 가련하다
너 아나돗이여
31 맛메나는 피난하며 게빔 주민은 도망
하도다
32 아직 이 날에 그가 놉에서 쉬고 딸 시
온 산 곧 예루살렘 산을 향하여 그 손

25】

26】

27】

28】

29】

30】

31】

32】

을 흔들리로다
33 ○ 보라 주 만군의 여호와께서 혁혁
한 위력으로 그 가지를 꺾으시리니
그 장대한 자가 찍힐 것이요 그 높은
자가 낮아질 것이며
34 쇠로 그 빽빽한 숲을 베시리니 레바
논이 권능 있는 자에게 베임을 당하
리라

33】

34】

평화의 나라

11 1 이새의 줄기에서 한 싹이 나며 그
뿌리에서 한 가지가 나서 결실할
것이요
2 그의 위에 여호와의 영 곧 지혜와 총
명의 영이요 모략과 재능의 영이요
지식과 여호와를 경외하는 영이 강림
하시리니
3 그가 여호와를 경외함으로 즐거움을
삼을 것이며 그의 눈에 보이는 대로
심판하지 아니하며 그의 귀에 들리는
대로 판단하지 아니하며
4 공의로 가난한 자를 심판하며 정직
으로 세상의 겸손한 자를 판단할 것
이며 그의 입의 막대기로 세상을 치
며 그의 입술의 기운으로 악인을 죽
일 것이며
5 공의로 그의 허리띠를 삼으며 성실로

1】

2】

3】

4】

5】

그의 몸의 띠를 삼으리라
6 ○ 그 때에 이리가 어린 양과 함께 살
며 표범이 어린 염소와 함께 누우며
송아지와 어린 사자와 살진 짐승이
함께 있어 어린 아이에게 끌리며
7 암소와 곰이 함께 먹으며 그것들의
새끼가 함께 엎드리며 사자가 소처럼
풀을 먹을 것이며
8 젖 먹는 아이가 독사의 구멍에서 장
난하며 젖 뗀 어린 아이가 독사의 굴
에 손을 넣을 것이라
9 내 거룩한 산 모든 곳에서 해 됨도 없
고 상함도 없을 것이니 이는 물이 바
다를 덮음 같이 여호와를 아는 지식
이 세상에 충만할 것임이니라

남은 백성이 돌아오리라

10 ○ 그 날에 이새의 뿌리에서 한 싹이
나서 만민의 기치로 설 것이요 열방
이 그에게로 돌아오리니 그가 거한
곳이 영화로우리라
11 ○ 그 날에 주께서 다시 그의 손을 펴
사 그의 남은 백성을 앗수르와 애굽
과 바드로스와 구스와 엘람과 시날과
하맛과 바다 섬들에서 돌아오게 하실
것이라
12 여호와께서 열방을 향하여 기치를 세
우시고 이스라엘의 쫓긴 자들을 모으

6】

7】

8】

9】

10】

11】

12】

시며 땅 사방에서 유다의 흩어진 자
들을 모으시리니
13 에브라임의 질투는 없어지고 유다를
괴롭게 하던 자들은 끊어지며 에브라
임은 유다를 질투하지 아니하며 유다
는 에브라임을 괴롭게 하지 아니할
것이요
14 그들이 서쪽으로 블레셋 사람들의 어
깨에 날아 앉고 함께 동방 백성을 노
략하며 에돔과 모압에 손을 대며 암
몬 자손을 자기에게 복종시키리라
15 여호와께서 애굽 해만을 말리시고 그
의 손을 유브라데 하수 위에 흔들어
뜨거운 바람을 일으켜 그 하수를 쳐
일곱 갈래로 나누어 신을 신고 건너
가게 하실 것이라
16 그의 남아 있는 백성 곧 앗수르에서
남은 자들을 위하여 큰 길이 있게 하
시되 이스라엘이 애굽 땅에서 나오던
날과 같게 하시리라

13】

14】

15】

16】

감사 찬송

12
1 그 날에 네가 말하기를 여호와여
주께서 전에는 내게 노하셨사오나
이제는 주의 진노가 돌아섰고 또 주
께서 나를 안위하시오니 내가 주께
감사하겠나이다 할 것이니라

1】

2 보라 하나님은 나의 구원이시라 내가
신뢰하고 두려움이 없으리니 주 여호
와는 나의 힘이시며 나의 노래시며
나의 구원이심이라
3 그러므로 너희가 기쁨으로 구원의 우
물들에서 물을 길으리로다
4 그 날에 너희가 또 말하기를 여호와
께 감사하라 그의 이름을 부르며 그
의 행하심을 만국 중에 선포하며 그
의 이름이 높다 하라
5 여호와를 찬송할 것은 극히 아름다운
일을 하셨음이니 이를 온 땅에 알게
할지어다
6 시온의 주민아 소리 높여 부르라 이
스라엘의 거룩하신 이가 너희 중에서
크심이니라 할 것이니라

2】

3】

4】

5】

6】

바벨론에 대한 경고

13 1 아모스의 아들 이사야가 바벨론에
대하여 받은 경고라
2 ○ 너희는 민둥산 위에 기치를 세우
고 소리를 높여 그들을 부르며 손을
흔들어 그들을 존귀한 자의 문에 들
어가게 하라
3 내가 거룩하게 구별한 자들에게 명령
하고 나의 위엄을 기뻐하는 용사들
을 불러 나의 노여움을 전하게 하였

1】

2】

3】

느니라

4 산에서 무리의 소리가 남이여 많은
백성의 소리 같으니 곧 열국 민족이
함께 모여 떠드는 소리라 만군의 여
호와께서 싸움을 위하여 군대를 검열
하심이로다

5 무리가 먼 나라에서, 하늘 끝에서 왔
음이여 곧 여호와와 그의 진노의 병
기라 온 땅을 멸하려 함이로다

6 ○ 너희는 애곡할지어다 여호와의 날
이 가까웠으니 전능자에게서 멸망이
임할 것임이로다

7 그러므로 모든 손의 힘이 풀리고 각
사람의 마음이 녹을 것이라

8 그들이 놀라며 괴로움과 슬픔에 사로
잡혀 해산이 임박한 여자 같이 고통
하며 서로 보고 놀라며 얼굴이 불꽃
같으리로다

9 보라 여호와의 날 곧 잔혹히 분냄과
맹렬히 노하는 날이 이르러 땅을 황
폐하게 하며 그 중에서 죄인들을 멸
하리니

10 하늘의 별들과 별 무리가 그 빛을 내
지 아니하며 해가 돋아도 어두우며 달
이 그 빛을 비추지 아니할 것이로다

11 내가 세상의 악과 악인의 죄를 벌하
며 교만한 자의 오만을 끊으며 강포

4】

5】

6】

7】

8】

9】

10】

11】

한 자의 거만을 낮출 것이며
12 내가 사람을 순금보다 희소하게 하며
인생을 오빌의 금보다 희귀하게 하리
로다
13 그러므로 나 만군의 여호와가 분하여
맹렬히 노하는 날에 하늘을 진동시키
며 땅을 흔들어 그 자리에서 떠나게
하리니
14 그들이 쫓긴 노루나 모으는 자 없는
양 같이 각기 자기 동족에게로 돌아
가며 각기 본향으로 도망할 것이나
15 만나는 자마다 창에 찔리겠고 잡히는
자마다 칼에 엎드러지겠고
16 그들의 어린 아이들은 그들의 목전
에서 메어침을 당하겠고 그들의 집은
노략을 당하겠고 그들의 아내는 욕을
당하리라
17 ○ 보라 은을 돌아보지 아니하며 금
을 기뻐하지 아니하는 메대 사람을
내가 충동하여 그들을 치게 하리니
18 메대 사람이 활로 청년을 쏘아 죽이며
태의 열매를 긍휼히 여기지 아니하며
아이를 애석하게 보지 아니하리라
19 열국의 영광이요 갈대아 사람의 자랑
하는 노리개가 된 바벨론이 하나님께
멸망 당한 소돔과 고모라 같이 되리니
20 그 곳에 거주할 자가 없겠고 거처할

12】

13】

14】

15】

16】

17】

18】

19】

20】

사람이 대대에 없을 것이며 아라비아
사람도 거기에 장막을 치지 아니하며
목자들도 그 곳에 그들의 양 떼를 쉬
게 하지 아니할 것이요
21 오직 들짐승들이 거기에 엎드리고 부
르짖는 짐승이 그들의 가옥에 가득하
며 타조가 거기에 깃들이며 들양이
거기에서 뛸 것이요
22 그의 궁성에는 승냥이가 부르짖을 것
이요 화려하던 궁전에는 들개가 울
것이라 그의 때가 가까우며 그의 날
이 오래지 아니하리라

21】

22】

포로에서 돌아오다

14 1 여호와께서 야곱을 긍휼히 여기시
며 이스라엘을 다시 택하여 그들의
땅에 두시리니 나그네 된 자가 야곱
족속과 연합하여 그들에게 예속될 것
이며
2 민족들이 그들을 데리고 그들의 본토
에 돌아오리니 이스라엘 족속이 여호
와의 땅에서 그들을 얻어 노비로 삼
겠고 전에 자기를 사로잡던 자들을
사로잡고 자기를 압제하던 자들을 주
관하리라

스올로 내려간 바벨론 왕

3 ○ 여호와께서 너를 슬픔과 곤고와

1】

2】

3】

및 네가 수고하는 고역에서 놓으시고
안식을 주시는 날에
4 너는 바벨론 왕에 대하여 이 노래를
지어 이르기를 압제하던 자가 어찌
그리 그쳤으며 강포한 성이 어찌 그
리 폐하였는고
5 여호와께서 악인의 몽둥이와 통치자
의 규를 꺾으셨도다
6 그들이 분내어 여러 민족을 치되 치
기를 마지아니하였고 노하여 열방을
억압하여도 그 억압을 막을 자 없었
더니
7 이제는 온 땅이 조용하고 평온하니
무리가 소리 높여 노래하는도다
8 향나무와 레바논의 백향목도 너로 말
미암아 기뻐하여 이르기를 네가 넘어
져 있은즉 올라와서 우리를 베어 버
릴 자 없다 하는도다
9 아래의 스올이 너로 말미암아 소동하
여 네가 오는 것을 영접하되 그것이
세상의 모든 영웅을 너로 말미암아
움직이게 하며 열방의 모든 왕을 그
들의 왕좌에서 일어서게 하므로
10 그들은 다 네게 말하여 이르기를 너
도 우리 같이 연약하게 되었느냐 너
도 우리 같이 되었느냐 하리로다
11 네 영화가 스올에 떨어졌음이여 네

4】
5】
6】
7】
8】
9】
10】
11】

비파 소리까지로다 구더기가 네 아
래에 깔림이여 지렁이가 너를 덮었
도다
12 ○ 너 아침의 아들 계명성이여 어찌
그리 하늘에서 떨어졌으며 너 열국을
엎은 자여 어찌 그리 땅에 찍혔는고
13 네가 네 마음에 이르기를 내가 하늘
에 올라 하나님의 뭇 별 위에 내 자리
를 높이리라 내가 북극 집회의 산 위
에 앉으리라
14 가장 높은 구름에 올라가 지극히 높
은 이와 같아지리라 하는도다
15 그러나 이제 네가 스올 곧 구덩이 맨
밑에 떨어짐을 당하리로다
16 너를 보는 이가 주목하여 너를 자세
히 살펴 보며 말하기를 이 사람이 땅
을 진동시키며 열국을 놀라게 하며
17 세계를 황무하게 하며 성읍을 파괴
하며 그에게 사로잡힌 자들을 집으
로 놓아 보내지 아니하던 자가 아니
냐 하리로다
18 열방의 모든 왕들은 모두 각각 자기
집에서 영광 중에 자건마는
19 오직 너는 자기 무덤에서 내쫓겼으니
가증한 나무 가지 같고 칼에 찔려 돌
구덩이에 떨어진 주검들에 둘러싸였
으니 밟힌 시체와 같도다

12】

13】

14】

15】

16】

17】

18】

19】

20 네가 네 땅을 망하게 하였고 네 백성
을 죽였으므로 그들과 함께 안장되지
못하나니 악을 행하는 자들의 후손은
영원히 이름이 불려지지 아니하리로
다 할지니라

여호와께서 바벨론을 멸하시리라

21 ○ 너희는 그들의 조상들의 죄악으로
말미암아 그의 자손 도륙하기를 준비
하여 그들이 일어나 땅을 차지하여
성읍들로 세상을 가득하게 하지 못하
게 하라
22 만군의 여호와께서 말씀하시되 내가
일어나 그들을 쳐서 이름과 남은 자
와 아들과 후손을 바벨론에서 끊으리
라 나 여호와의 말이니라
23 내가 또 그것이 고슴도치의 굴혈과
물 웅덩이가 되게 하고 또 멸망의 빗
자루로 청소하리라 나 만군의 여호와
의 말이니라 하시니라

여호와께서 앗수르를 파하시리라

24 ○ 만군의 여호와께서 맹세하여 이르
시되 내가 생각한 것이 반드시 되며
내가 경영한 것을 반드시 이루리라
25 내가 앗수르를 나의 땅에서 파하며
나의 산에서 그것을 짓밟으리니 그
때에 그의 멍에가 이스라엘에게서 떠
나고 그의 짐이 그들의 어깨에서 벗

20】

21】

22】

23】

24】

25】

어질 것이라
26 이것이 온 세계를 향하여 정한 경영
이며 이것이 열방을 향하여 편 손이
라 하셨나니
27 만군의 여호와께서 경영하셨은즉 누
가 능히 그것을 폐하며 그의 손을 펴
셨은즉 누가 능히 그것을 돌이키랴

여호와께서 블레셋을 소멸시키시리라

28 ○ 아하스 왕이 죽던 해에 이 경고가
임하니라
29 블레셋 온 땅이여 너를 치던 막대기
가 부러졌다고 기뻐하지 말라 뱀의
뿌리에서는 독사가 나겠고 그의 열매
는 날아다니는 불뱀이 되리라
30 가난한 자의 장자는 먹겠고 궁핍한
자는 평안히 누우려니와 내가 네 뿌
리를 기근으로 죽일 것이요 네게 남
은 자는 살륙을 당하리라
31 성문이여 슬피 울지어다 성읍이여 부
르짖을지어다 너 블레셋이여 다 소멸
되리로다 대저 연기가 북방에서 오
는데 그 대열에서 벗어난 자가 없느
니라
32 ○ 그 나라 사신들에게 어떻게 대답
하겠느냐 여호와께서 시온을 세우셨
으니 그의 백성의 곤고한 자들이 그
안에서 피난하리라 할 것이니라

26】

27】

28】

29】

30】

31】

32】

여호와께서 모압을 황폐하게 하시리라

15

1 모압에 관한 경고라
○ 하룻밤에 모압 알이 망하여 황
폐할 것이며 하룻밤에 모압 기르가
망하여 황폐할 것이라
2 그들은 바잇과 디본 산당에 올라가서
울며 모압은 느보와 메드바를 위하여
통곡하는도다 그들이 각각 머리카락
을 밀고 각각 수염을 깎았으며
3 거리에서는 굵은 베로 몸을 동였으며
지붕과 넓은 곳에서는 각기 애통하여
심히 울며
4 헤스본과 엘르알레는 부르짖으며 그
들의 소리는 야하스까지 들리니 그러
므로 모압의 군사들이 크게 부르짖으
며 그들의 혼이 속에서 떠는도다
5 내 마음이 모압을 위하여 부르짖는도
다 그 피난민들은 소알과 에글랏 슬
리시야까지 이르고 울며 루힛 비탈길
로 올라가며 호로나임 길에서 패망을
울부짖으니
6 니므림 물이 마르고 풀이 시들었으며
연한 풀이 말라 청청한 것이 없음이
로다
7 그러므로 그들이 얻은 재물과 쌓았던
것을 가지고 버드나무 시내를 건너
리니

1】

2】

3】

4】

5】

6】

7】

8 이는 곡성이 모압 사방에 둘렸고 슬
피 부르짖음이 에글라임에 이르며 부
르짖음이 브엘엘림에 미치며
9 디몬 물에는 피가 가득함이로다 그럴
지라도 내가 디몬에 재앙을 더 내리
되 모압에 도피한 자와 그 땅에 남은
자에게 사자를 보내리라

8】

9】

모압이 통곡하고 근심하리라

16 1 너희는 이 땅 통치자에게 어린 양
들을 드리되 셀라에서부터 광야를
지나 딸 시온 산으로 보낼지니라
2 모압의 딸들은 아르논 나루에서 떠
다니는 새 같고 보금자리에서 흩어진
새 새끼 같을 것이라
3 너는 방도를 베풀며 공의로 판결하며
대낮에 밤 같이 그늘을 지으며 쫓겨
난 자들을 숨기며 도망한 자들을 발
각되게 하지 말며
4 나의 쫓겨난 자들이 너와 함께 있게 하
되 너 모압은 멸절하는 자 앞에서 그들
에게 피할 곳이 되라 대저 토색하는 자
가 망하였고 멸절하는 자가 그쳤고 압
제하는 자가 이 땅에서 멸절하였으며
5 다윗의 장막에 인자함으로 왕위가 굳
게 설 것이요 그 위에 앉을 자는 충실
함으로 판결하며 정의를 구하며 공의

1】

2】

3】

4】

5】

를 신속히 행하리라
6 ○ 우리가 모압의 교만을 들었나니
심히 교만하도다 그가 거만하며 교만
하며 분노함도 들었거니와 그의 자랑
이 헛되도다
7 그러므로 모압이 모압을 위하여 통
곡하되 다 통곡하며 길하레셋 건포
도 떡을 위하여 그들이 슬퍼하며 심
히 근심하리니
8 이는 헤스본의 밭과 십마의 포도나무
가 말랐음이라 전에는 그 가지가 야
셀에 미쳐 광야에 이르고 그 싹이 자
라서 바다를 건넜더니 이제 열국의 주
권자들이 그 좋은 가지를 꺾었도다
9 그러므로 내가 야셀의 울음처럼 십마
의 포도나무를 위하여 울리라 헤스본
이여, 엘르알레여, 내 눈물로 너를 적
시리니 너의 여름 실과, 네 농작물에
즐거운 소리가 그쳤음이라
10 즐거움과 기쁨이 기름진 밭에서 떠났
고 포도원에는 노래와 즐거운 소리가
없어지겠고 틀에는 포도를 밟을 사람
이 없으리니 이는 내가 즐거운 소리
를 그치게 하였음이라
11 이러므로 내 마음이 모압을 위하여
수금 같이 소리를 발하며 내 창자가
길하레셋을 위하여 그러하도다

6】

7】

8】

9】

10】

11】

년 월 일

12 모압이 그 산당에서 피곤하도록 봉사
하며 자기 성소에 나아가서 기도할지
라도 소용없으리로다
13 ○ 이는 여호와께서 오래 전부터 모
압을 들어 하신 말씀이거니와
14 이제 여호와께서 말씀하여 이르시되
품꾼의 정한 해와 같이 삼 년 내에 모
압의 영화와 그 큰 무리가 능욕을 당
할지라 그 남은 수가 심히 적어 보잘
것없이 되리라 하시도다

12】

13】

14】

여호와께서 에브라임과 다메섹을 멸하시리라

17

1 다메섹에 관한 경고라
○ 보라 다메섹이 장차 성읍을 이
루지 못하고 무너진 무더기가 될 것
이라
2 아로엘의 성읍들이 버림을 당하리니
양 무리를 치는 곳이 되어 양이 눕되
놀라게 할 자가 없을 것이며
3 에브라임의 요새와 다메섹 나라와 아
람의 남은 자가 멸절하여 이스라엘
자손의 영광 같이 되리라 만군의 여
호와의 말씀이니라
4 ○ 그 날에 야곱의 영광이 쇠하고 그
의 살진 몸이 파리하리니
5 마치 추수하는 자가 곡식을 거두어
가지고 그의 손으로 이삭을 벤 것 같

1】

2】

3】

4】

5】

고 르바임 골짜기에서 이삭을 주운
것 같으리라
6 그러나 그 안에 주울 것이 남으리니
감람나무를 흔들 때에 가장 높은 가
지 꼭대기에 과일 두세 개가 남음 같
겠고 무성한 나무의 가장 먼 가지에
네다섯 개가 남음 같으리라 이스라엘
의 하나님 여호와의 말씀이니라
7 그 날에 사람이 자기를 지으신 이를
바라보겠으며 그의 눈이 이스라엘의
거룩하신 이를 뵙겠고
8 자기 손으로 만든 제단을 바라보지
아니하며 자기 손가락으로 지은 아세
라나 태양상을 보지 아니할 것이며
9 그 날에 그 견고한 성읍들이 옛적에
이스라엘 자손 앞에서 버린 바 된 수
풀 속의 처소와 작은 산 꼭대기의 처
소 같아서 황폐하리니
10 이는 네가 네 구원의 하나님을 잊어
버리며 네 능력의 반석을 마음에 두
지 아니한 까닭이라 그러므로 네가
기뻐하는 나무를 심으며 이방의 나무
가지도 이종하는도다
11 네가 심는 날에 울타리를 두르고 아
침에 네 씨가 잘 발육하도록 하였으
나 근심과 심한 슬픔의 날에 농작물
이 없어지리라

6】

7】

8】

9】

10】

11】

주께서 열방을 꾸짖어 흩으시리라

12 ○ 슬프다 많은 민족이 소동하였으되
바다 파도가 치는 소리 같이 그들이 소
동하였고 열방이 충돌하였으되 큰 물
이 몰려옴 같이 그들도 충돌하였도다
13 열방이 충돌하기를 많은 물이 몰려옴
과 같이 하나 주께서 그들을 꾸짖으
시리니 그들이 멀리 도망함이 산에서
겨가 바람 앞에 흩어짐 같겠고 폭풍
앞에 떠도는 티끌 같을 것이라
14 보라 저녁에 두려움을 당하고 아침이
오기 전에 그들이 없어졌나니 이는
우리를 노략한 자들의 몫이요 우리를
강탈한 자들의 보응이니라

12】

13】

14】

여호와께서 구스를 두고 하신 말씀

18 1 슬프다 구스의 강 건너편 날개 치
는 소리 나는 땅이여
2 갈대 배를 물에 띄우고 그 사자를 수
로로 보내며 이르기를 민첩한 사절들
아 너희는 강들이 흘러 나누인 나라
로 가되 장대하고 준수한 백성 곧 시
초부터 두려움이 되며 강성하여 대적
을 밟는 백성에게로 가라 하는도다
3 세상의 모든 거민, 지상에 사는 너희
여 산들 위에 기치를 세우거든 너희
는 보고 나팔을 불거든 너희는 들을

1】

2】

3】

지니라
4 ○ 여호와께서 내게 이르시되 내가 나
의 처소에서 조용히 감찰함이 쬐이는
일광 같고 가을 더위에 운무 같도다
5 추수하기 전에 꽃이 떨어지고 포도가
맺혀 익어갈 때에 내가 낫으로 그 연
한 가지를 베며 퍼진 가지를 찍어 버
려서
6 산의 독수리들과 땅의 들짐승들에
게 던져 주리니 산의 독수리들이 그
것으로 여름을 지내며 땅의 들짐승들
이 다 그것으로 겨울을 지내리라 하
셨음이라
7 그 때에 강들이 흘러 나누인 나라의
장대하고 준수한 백성 곧 시초부터
두려움이 되며 강성하여 대적을 밟는
백성이 만군의 여호와께 드릴 예물을
가지고 만군의 여호와의 이름을 두신
곳 시온 산에 이르리라

4】

5】

6】

7】

여호와께서 애굽에 임하시리라

19

1 애굽에 관한 경고라
○ 보라 여호와께서 빠른 구름을
타고 애굽에 임하시리니 애굽의 우상
들이 그 앞에서 떨겠고 애굽인의 마
음이 그 속에서 녹으리로다
2 내가 애굽인을 격동하여 애굽인을 치

1】

2】

리니 그들이 각기 형제를 치며 각기
이웃을 칠 것이요 성읍이 성읍을 치
며 나라가 나라를 칠 것이며
3 애굽인의 정신이 그 속에서 쇠약할
것이요 그의 계획을 내가 깨뜨리리니
그들이 우상과 마술사와 신접한 자와
요술객에게 물으리로다
4 내가 애굽인을 잔인한 주인의 손에 붙
이리니 포학한 왕이 그들을 다스리리
라 주 만군의 여호와의 말씀이니라
5 ○ 바닷물이 없어지겠고 강이 잦아서
마르겠고
6 강들에서는 악취가 나겠고 애굽의 강
물은 줄어들고 마르므로 갈대와 부들
이 시들겠으며
7 나일 가까운 곳 나일 언덕의 초장과
나일 강 가까운 곡식 밭이 다 말라서
날려가 없어질 것이며
8 어부들은 탄식하며 나일 강에 낚시를
던지는 자마다 슬퍼하며 물 위에 그
물을 치는 자는 피곤할 것이며
9 세마포를 만드는 자와 베 짜는 자들
이 수치를 당할 것이며
10 그의 기둥이 부숴지고 품꾼들이 다
마음에 근심하리라
11 ○ 소안의 방백은 어리석었고 바로의
가장 지혜로운 모사의 책략은 우둔하

3】
4】
5】
6】
7】
8】
9】
10】
11】

여졌으니 너희가 어떻게 바로에게 이
르기를 나는 지혜로운 자들의 자손이
라 나는 옛 왕들의 후예라 할 수 있
으랴
12 너의 지혜로운 자가 어디 있느냐 그
들이 만군의 여호와께서 애굽에 대하
여 정하신 뜻을 알 것이요 곧 네게 말
할 것이니라
13 소안의 방백들은 어리석었고 놉의 방
백들은 미혹되었도다 그들은 애굽 종
족들의 모퉁잇돌이거늘 애굽을 그릇
가게 하였도다
14 여호와께서 그 가운데 어지러운 마음
을 섞으셨으므로 그들이 애굽을 매사
에 잘못 가게 함이 취한 자가 토하면
서 비틀거림 같게 하였으니
15 애굽에서 머리나 꼬리며 종려나무 가
지나 갈대가 아무 할 일이 없으리라

애굽 사람이 여호와께 경배하리라

16 ○ 그 날에 애굽이 부녀와 같을 것이
라 그들이 만군의 여호와께서 흔드시
는 손이 그들 위에 흔들림으로 말미
암아 떨며 두려워할 것이며
17 유다의 땅은 애굽의 두려움이 되리니
이는 만군의 여호와께서 애굽에 대하
여 정하신 계획으로 말미암음이라 그
소문을 듣는 자마다 떨리라

12】

13】

14】

15】

16】

17】

18 ○ 그 날에 애굽 땅에 가나안 방언을
말하며 만군의 여호와를 가리켜 맹세
하는 다섯 성읍이 있을 것이며 그 중
하나를 멸망의 성읍이라 칭하리라
19 ○ 그 날에 애굽 땅 중앙에는 여호와
를 위하여 제단이 있겠고 그 변경에
는 여호와를 위하여 기둥이 있을 것
이요
20 이것이 애굽 땅에서 만군의 여호와
를 위하여 징조와 증거가 되리니 이
는 그들이 그 압박하는 자들로 말미
암아 여호와께 부르짖겠고 여호와께
서는 그들에게 한 구원자이자 보호자
를 보내사 그들을 건지실 것임이라
21 여호와께서 자기를 애굽에 알게 하시
리니 그 날에 애굽이 여호와를 알고
제물과 예물을 그에게 드리고 경배할
것이요 여호와께 서원하고 그대로 행
하리라
22 여호와께서 애굽을 치실지라도 치시
고는 고치실 것이므로 그들이 여호와
께로 돌아올 것이라 여호와께서 그들
의 간구함을 들으시고 그들을 고쳐
주시리라
23 ○ 그 날에 애굽에서 앗수르로 통하
는 대로가 있어 앗수르 사람은 애굽
으로 가겠고 애굽 사람은 앗수르로

18】

19】

20】

21】

22】

23】

갈 것이며 애굽 사람이 앗수르 사람
과 함께 경배하리라
24 ○ 그 날에 이스라엘이 애굽 및 앗수
르와 더불어 셋이 세계 중에 복이 되
리니
25 이는 만군의 여호와께서 복 주시며 이
르시되 내 백성 애굽이여, 내 손으로
지은 앗수르여, 나의 기업 이스라엘이
여, 복이 있을지어다 하실 것임이라

24】

25】

벗은 선지자의 예표

20 1 앗수르의 사르곤 왕이 다르단을
아스돗으로 보내매 그가 와서 아스
돗을 쳐서 취하던 해니라
2 그 때에 여호와께서 아모스의 아들
이사야에게 말씀하여 이르시되 갈지
어다 네 허리에서 베를 끄르고 네 발
에서 신을 벗을지니라 하시매 그가
그대로 하여 벗은 몸과 벗은 발로 다
니니라
3 여호와께서 이르시되 나의 종 이사야
가 삼 년 동안 벗은 몸과 벗은 발로
다니며 애굽과 구스에 대하여 징조와
예표가 되었느니라
4 이와 같이 애굽의 포로와 구스의 사
로잡힌 자가 앗수르 왕에게 끌려갈
때에 젊은 자나 늙은 자가 다 벗은 몸

1】

2】

3】

4】

과 벗은 발로 볼기까지 드러내어 애
굽의 수치를 보이리니
5 그들이 바라던 구스와 자랑하던 애굽
으로 말미암아 그들이 놀라고 부끄러
워할 것이라
6 그 날에 이 해변 주민이 말하기를 우
리가 믿던 나라 곧 우리가 앗수르 왕
에게서 벗어나기를 바라고 달려가서
도움을 구하던 나라가 이같이 되었은
즉 우리가 어찌 능히 피하리요 하리라

5】

6】

바벨론 멸망에 관한 묵시

21 1 해변 광야에 관한 경고라
○ 적병이 광야에서, 두려운 땅에
서 네겝 회오리바람 같이 몰려왔도다
2 혹독한 묵시가 내게 보였도다 속이는
자는 속이고 약탈하는 자는 약탈하도
다 엘람이여 올라가고 메대여 에워싸
라 그의 모든 탄식을 내가 그치게 하
였노라 하시도다
3 이러므로 나의 요통이 심하여 해산이
임박한 여인의 고통 같은 고통이 나를
엄습하였으므로 내가 괴로워서 듣지
못하며 놀라서 보지 못하도다
4 내 마음이 어지럽고 두려움이 나를 놀
라게 하며 희망의 서광이 변하여 내게
떨림이 되도다

1】

2】

3】

4】

5 그들이 식탁을 베풀고 파수꾼을 세우
고 먹고 마시도다 너희 고관들아 일
어나 방패에 기름을 바를지어다
6 주께서 내게 이르시되 가서 파수꾼을
세우고 그가 보는 것을 보고하게 하되
7 마병대가 쌍쌍이 오는 것과 나귀 떼
와 낙타 떼를 보거든 귀 기울여 자세
히 들으라 하셨더니
8 파수꾼이 사자 같이 부르짖기를 주여
내가 낮에 늘 망대에 서 있었고 밤이
새도록 파수하는 곳에 있었더니
9 보소서 마병대가 쌍쌍이 오나이다 하
니 그가 대답하여 이르시되 함락되었
도다 함락되었도다 바벨론이여 그들
이 조각한 신상들이 다 부서져 땅에
떨어졌도다 하시도다
10 ○ 내가 짓밟은 너여, 내가 타작한 너
여, 내가 이스라엘의 하나님 만군의
여호와께 들은 대로 너희에게 전하였
노라

두마에 관한 경고

11 ○ 두마에 관한 경고라
○ 사람이 세일에서 나를 부르되 파
수꾼이여 밤이 어떻게 되었느냐 파수
꾼이여 밤이 어떻게 되었느냐
12 파수꾼이 이르되 아침이 오나니 밤도
오리라 네가 물으려거든 물으라 너희

5】

6】

7】

8】

9】

10】

11】

12】

는 돌아올지니라 하더라

아라비아에 관한 경고

13 ○ 아라비아에 관한 경고라
○ 드단 대상들이여 너희가 아라비아
수풀에서 유숙하리라
14 데마 땅의 주민들아 물을 가져다가
목마른 자에게 주고 떡을 가지고 도
피하는 자를 영접하라
15 그들이 칼날을 피하며 뺀 칼과 당긴
활과 전쟁의 어려움에서 도망하였음
이니라
16 주께서 이같이 내게 이르시되 품꾼의
정한 기한 같이 일 년 내에 게달의 영
광이 다 쇠멸하리니
17 게달 자손 중 활 가진 용사의 남은 수
가 적으리라 하시니라 이스라엘의 하
나님 여호와의 말씀이니라

13】
14】
15】
16】
17】

환상의 골짜기에 관한 경고

22 1 환상의 골짜기에 관한 경고라
○ 네가 지붕에 올라감은 어찌함
인고
2 소란하며 떠들던 성, 즐거워하던 고
을이여 너의 죽임을 당한 자들은 칼
에 죽은 것도 아니요 전쟁에 사망한
것도 아니라
3 너의 관원들도 다 함께 도망하였다

1】
2】
3】

가 활을 버리고 결박을 당하였고 너
의 멀리 도망한 자들도 발견되어 다
함께 결박을 당하였도다
4 그러므로 내가 말하노니 돌이켜 나를
보지 말지어다 나는 슬피 통곡하겠노
라 내 딸 백성이 패망하였음으로 말
미암아 나를 위로하려고 힘쓰지 말지
니라
5 ○ 환상의 골짜기에 주 만군의 여호
와께로부터 이르는 소란과 밟힘과 혼
란의 날이여 성벽의 무너뜨림과 산악
에 사무쳐 부르짖는 소리로다
6 엘람 사람은 화살통을 메었고 병거
탄 자와 마병이 함께 하였고 기르 사
람은 방패를 드러냈으니
7 병거는 네 아름다운 골짜기에 가득하
였고 마병은 성문에 정렬되었도다
8 그가 유다에게 덮였던 것을 벗기매
그 날에야 네가 수풀 곳간의 병기를
바라보았고
9 너희가 다윗 성의 무너진 곳이 많은
것도 보며 너희가 아랫못의 물도 모
으며
10 또 예루살렘의 가옥을 계수하며 그 가
옥을 헐어 성벽을 견고하게도 하며
11 너희가 또 옛 못의 물을 위하여 두 성
벽 사이에 저수지를 만들었느니라 그

4】

5】

6】

7】

8】

9】

10】

11】

러나 너희가 이를 행하신 이를 앙망
하지 아니하였고 이 일을 옛적부터
경영하신 이를 공경하지 아니하였느
니라
12 ○ 그 날에 주 만군의 여호와께서 명
령하사 통곡하며 애곡하며 머리 털을
뜯으며 굵은 베를 띠라 하셨거늘
13 너희가 기뻐하며 즐거워하여 소를 죽
이고 양을 잡아 고기를 먹고 포도주
를 마시면서 내일 죽으리니 먹고 마
시자 하는도다
14 만군의 여호와께서 친히 내 귀에 들려
이르시되 진실로 이 죄악은 너희가 죽
기까지 용서하지 못하리라 하셨느니
라 주 만군의 여호와의 말씀이니라

셉나에게 경고하시다

15 ○ 주 만군의 여호와께서 이르시되
너는 가서 그 국고를 맡고 왕궁 맡은
자 셉나를 보고 이르기를
16 네가 여기와 무슨 관계가 있느냐 여
기에 누가 있기에 여기서 너를 위하
여 묘실을 팠느냐 높은 곳에 자기를
위하여 묘실을 팠고 반석에 자기를
위하여 처소를 쪼아내었도다
17 나 여호와가 너를 단단히 결박하고
장사 같이 세게 던지되
18 반드시 너를 모질게 감싸서 공 같이

12】

13】

14】

15】

16】

17】

18】

년 월 일

광막한 곳에 던질 것이라 주인의 집
에 수치를 끼치는 너여 네가 그 곳에
서 죽겠고 네 영광의 수레도 거기에
있으리라
19 내가 너를 네 관직에서 쫓아내며 네
지위에서 낮추리니
20 그 날에 내가 힐기야의 아들 내 종 엘
리아김을 불러
21 네 옷을 그에게 입히며 네 띠를 그에
게 띠워 힘 있게 하고 네 정권을 그의
손에 맡기리니 그가 예루살렘 주민과
유다의 집의 아버지가 될 것이며
22 내가 또 다윗의 집의 열쇠를 그의 어
깨에 두리니 그가 열면 닫을 자가 없
겠고 닫으면 열 자가 없으리라
23 못이 단단한 곳에 박힘 같이 그를 견
고하게 하리니 그가 그의 아버지 집
에 영광의 보좌가 될 것이요
24 그의 아버지 집의 모든 영광이 그 위
에 걸리리니 그 후손과 족속 되는 각
작은 그릇 곧 종지로부터 모든 항아
리까지니라
25 만군의 여호와께서 이르시되 그 날
에는 단단한 곳에 박혔던 못이 삭으
리니 그 못이 부러져 떨어지므로 그
위에 걸린 물건이 부서지리라 하셨다
하라 나 여호와의 말이니라

19】

20】

21】

22】

23】

24】

25】

두로와 시돈에 대한 경고

23 1 두로에 관한 경고라
○ 다시스의 배들아 너희는 슬피
부르짖을지어다 두로가 황무하여 집
이 없고 들어갈 곳도 없음이요 이 소
식이 깃딤 땅에서부터 그들에게 전파
되었음이라
2 바다에 왕래하는 시돈 상인들로 말미
암아 부요하게 된 너희 해변 주민들
아 잠잠하라
3 시홀의 곡식 곧 나일의 추수를 큰 물
로 수송하여 들였으니 열국의 시장이
되었도다
4 시돈이여 너는 부끄러워할지어다 대
저 바다 곧 바다의 요새가 말하기를
나는 산고를 겪지 못하였으며 출산하
지 못하였으며 청년들을 양육하지도
못하였으며 처녀들을 생육하지도 못
하였다 하였음이라
5 그 소식이 애굽에 이르면 그들이 두
로의 소식으로 말미암아 고통 받으리
로다
6 너희는 다시스로 건너갈지어다 해변
주민아 너희는 슬피 부르짖을지어다
7 이것이 옛날에 건설된 너희 희락의
성 곧 그 백성이 자기 발로 먼 지방까
지 가서 머물던 성읍이냐

1】

2】

3】

4】

5】

6】

7】

8 ○ 면류관을 씌우던 자요 그 상인들
은 고관들이요 그 무역상들은 세상에
존귀한 자들이었던 두로에 대하여 누
가 이 일을 정하였느냐
9 만군의 여호와께서 그것을 정하신 것
이라 모든 누리던 영화를 욕되게 하
시며 세상의 모든 교만하던 자가 멸
시를 받게 하려 하심이라
10 딸 다시스여 나일 같이 너희 땅에 넘
칠지어다 너를 속박함이 다시는 없으
리라
11 여호와께서 바다 위에 그의 손을 펴
사 열방을 흔드시며 여호와께서 가나
안에 대하여 명령을 내려 그 견고한
성들을 무너뜨리게 하시고
12 이르시되 너 학대 받은 처녀 딸 시돈
아 네게 다시는 희락이 없으리니 일어
나 깃딤으로 건너가라 거기에서도 네
가 평안을 얻지 못하리라 하셨느니라
13 ○ 갈대아 사람의 땅을 보라 그 백성
이 없어졌나니 곧 앗수르 사람이 그
곳을 들짐승이 사는 곳이 되게 하였
으되 그들이 망대를 세우고 궁전을
헐어 황무하게 하였느니라
14 다시스의 배들아 너희는 슬피 부르짖
으라 너희의 견고한 성이 파괴되었느
니라

8】

9】

10】

11】

12】

13】

14】

15 그 날부터 두로가 한 왕의 연한 같이
칠십 년 동안 잊어버린 바 되었다가
칠십 년이 찬 후에 두로는 기생의 노
래 같이 될 것이라

16 잊어버린 바 되었던 너 음녀여 수금
을 가지고 성읍에 두루 다니며 기묘
한 곡조로 많은 노래를 불러서 너를
다시 기억하게 하라 하였느니라

17 칠십 년이 찬 후에 여호와께서 두로
를 돌보시리니 그가 다시 값을 받고
지면에 있는 열방과 음란을 행할 것
이며

18 그 무역한 것과 이익을 거룩히 여호
와께 돌리고 간직하거나 쌓아 두지
아니하리니 그 무역한 것이 여호와
앞에 사는 자가 배불리 먹을 양식, 잘
입을 옷감이 되리라

15】

16】

17】

18】

여호와께서 땅을 벌하시리라

24

1 보라 여호와께서 땅을 공허하게 하
시며 황폐하게 하시며 지면을 뒤
집어엎으시고 그 주민을 흩으시리니

2 백성과 제사장이 같을 것이며 종과
상전이 같을 것이며 여종과 여주인이
같을 것이며 사는 자와 파는 자가 같
을 것이며 빌려 주는 자와 빌리는 자
가 같을 것이며 이자를 받는 자와 이

1】

2】

자를 내는 자가 같을 것이라
3 땅이 온전히 공허하게 되고 온전히
황무하게 되리라 여호와께서 이 말씀
을 하셨느니라
4 땅이 슬퍼하고 쇠잔하며 세계가 쇠약
하고 쇠잔하며 세상 백성 중에 높은
자가 쇠약하며
5 땅이 또한 그 주민 아래서 더럽게 되
었으니 이는 그들이 율법을 범하며
율례를 어기며 영원한 언약을 깨뜨렸
음이라
6 그러므로 저주가 땅을 삼켰고 그 중에
사는 자들이 정죄함을 당하였고 땅의
주민이 불타서 남은 자가 적도다
7 새 포도즙이 슬퍼하고 포도나무가 쇠
잔하며 마음이 즐겁던 자가 다 탄식
하며
8 소고 치는 기쁨이 그치고 즐거워하는
자의 소리가 끊어지고 수금 타는 기
쁨이 그쳤으며
9 노래하면서 포도주를 마시지 못하고
독주는 그 마시는 자에게 쓰게 될 것
이라
10 약탈을 당한 성읍이 허물어지고 집마
다 닫혀서 들어가는 자가 없으며
11 포도주가 없으므로 거리에서 부르짖
으며 모든 즐거움이 사라졌으며 땅의

3】

4】

5】

6】

7】

8】

9】

10】

11】

기쁨이 소멸되었도다
12 성읍이 황무하고 성문이 파괴되었느
니라
13 세계 민족 중에 이러한 일이 있으리
니 곧 감람나무를 흔듦 같고 포도를
거둔 후에 그 남은 것을 주움 같을 것
이니라
14 ○ 무리가 소리를 높여 부를 것이며
여호와의 위엄으로 말미암아 바다에
서부터 크게 외치리니
15 그러므로 너희가 동방에서 여호와를
영화롭게 하며 바다 모든 섬에서 이
스라엘의 하나님 여호와의 이름을 영
화롭게 할 것이라
16 땅 끝에서부터 노래하는 소리가 우리
에게 들리기를 의로우신 이에게 영광
을 돌리세 하도다 그러나 나는 이르기
를 나는 쇠잔하였고 나는 쇠잔하였으
니 내게 화가 있도다 배신자들은 배신
하고 배신자들이 크게 배신하였도다
17 땅의 주민아 두려움과 함정과 올무가
네게 이르렀나니
18 두려운 소리로 말미암아 도망하는 자
는 함정에 빠지겠고 함정 속에서 올
라오는 자는 올무에 걸리리니 이는
위에 있는 문이 열리고 땅의 기초가
진동함이라

12】

13】

14】

15】

16】

17】

18】

19 땅이 깨지고 깨지며 땅이 갈라지고
갈라지며 땅이 흔들리고 흔들리며
20 땅이 취한 자 같이 비틀비틀하며 원
두막 같이 흔들리며 그 위의 죄악이
중하므로 떨어져서 다시는 일어나지
못하리라
21 ○ 그 날에 여호와께서 높은 데에서
높은 군대를 벌하시며 땅에서 땅의
왕들을 벌하시리니
22 그들이 죄수가 깊은 옥에 모임 같이
모이게 되고 옥에 갇혔다가 여러 날
후에 형벌을 받을 것이라
23 그 때에 달이 수치를 당하고 해가 부
끄러워하리니 이는 만군의 여호와께
서 시온 산과 예루살렘에서 왕이 되
시고 그 장로들 앞에서 영광을 나타
내실 것임이라

19】

20】

21】

22】

23】

찬송

25

1 여호와여 주는 나의 하나님이시라
내가 주를 높이고 주의 이름을 찬
송하오리니 주는 기사를 옛적에 정하
신 뜻대로 성실함과 진실함으로 행하
셨음이라
2 주께서 성읍을 돌무더기로 만드시며
견고한 성읍을 황폐하게 하시며 외인
의 궁성을 성읍이 되지 못하게 하사

1】

2】

영원히 건설되지 못하게 하셨으므로
3 강한 민족이 주를 영화롭게 하며 포
학한 나라들의 성읍이 주를 경외하리
이다
4 주는 포학자의 기세가 성벽을 치는
폭풍과 같을 때에 빈궁한 자의 요새
이시며 환난 당한 가난한 자의 요새
이시며 폭풍 중의 피난처시며 폭양을
피하는 그늘이 되셨사오니
5 마른 땅에 폭양을 제함 같이 주께서
이방인의 소란을 그치게 하시며 폭양
을 구름으로 가림 같이 포학한 자의
노래를 낮추시리이다

여호와께서 연회를 베푸시리라

6 ○ 만군의 여호와께서 이 산에서 만민
을 위하여 기름진 것과 오래 저장하
였던 포도주로 연회를 베푸시리니 곧
골수가 가득한 기름진 것과 오래 저장
하였던 맑은 포도주로 하실 것이며
7 또 이 산에서 모든 민족의 얼굴을 가
린 가리개와 열방 위에 덮인 덮개를
제하시며
8 사망을 영원히 멸하실 것이라 주 여
호와께서 모든 얼굴에서 눈물을 씻기
시며 자기 백성의 수치를 온 천하에
서 제하시리라 여호와께서 이같이 말
씀하셨느니라

3】

4】

5】

6】

7】

8】

여호와께서 모압을 벌하시리라

9 ○ 그 날에 말하기를 이는 우리의 하
나님이시라 우리가 그를 기다렸으니
그가 우리를 구원하시리로다 이는 여
호와시라 우리가 그를 기다렸으니 우
리는 그의 구원을 기뻐하며 즐거워하
리라 할 것이며
10 여호와의 손이 이 산에 나타나시리니
모압이 거름물 속에서 초개가 밟힘
같이 자기 처소에서 밟힐 것인즉
11 그가 헤엄치는 자가 헤엄치려고 손을
폄 같이 그 속에서 그의 손을 펼 것
이나 여호와께서 그의 교만으로 인하
여 그 손이 능숙함에도 불구하고 그
를 누르실 것이라
12 네 성벽의 높은 요새를 헐어 땅에 내
리시되 진토에 미치게 하시리라

9】

10】

11】

12】

여호와께서 백성에게 승리를 주시리라

26

1 그 날에 유다 땅에서 이 노래를 부
르리라 우리에게 견고한 성읍이 있
음이여 여호와께서 구원을 성벽과 외
벽으로 삼으시리로다
2 너희는 문들을 열고 신의를 지키는
의로운 나라가 들어오게 할지어다
3 주께서 심지가 견고한 자를 평강하고
평강하도록 지키시리니 이는 그가 주

1】

2】

3】

를 신뢰함이니이다
4 너희는 여호와를 영원히 신뢰하라 주
여호와는 영원한 반석이심이로다
5 높은 데에 거주하는 자를 낮추시며
솟은 성을 헐어 땅에 엎으시되 진토
에 미치게 하셨도다
6 발이 그것을 밟으리니 곧 빈궁한 자
의 발과 곤핍한 자의 걸음이리로다
7 의인의 길은 정직함이여 정직하신 주
께서 의인의 첩경을 평탄하게 하시
도다
8 ○ 여호와여 주께서 심판하시는 길
에서 우리가 주를 기다렸사오며 주
의 이름을 위하여 또 주를 기억하려
고 우리 영혼이 사모하나이다
9 밤에 내 영혼이 주를 사모하였사온즉
내 중심이 주를 간절히 구하오리니
이는 주께서 땅에서 심판하시는 때에
세계의 거민이 의를 배움이니이다
10 악인은 은총을 입을지라도 의를 배우
지 아니하며 정직한 자의 땅에서 불
의를 행하고 여호와의 위엄을 돌아보
지 아니하는도다
11 ○ 여호와여 주의 손이 높이 들릴지
라도 그들이 보지 아니하오나 백성을
위하시는 주의 열성을 보면 부끄러워
할 것이라 불이 주의 대적들을 사르

4】
5】
6】
7】
8】
9】
10】
11】

리이다
12 여호와여 주께서 우리를 위하여 평강
을 베푸시오리니 주께서 우리의 모든
일도 우리를 위하여 이루심이니이다
13 여호와 우리 하나님이시여 주 외에 다
른 주들이 우리를 관할하였사오나 우
리는 주만 의지하고 주의 이름을 부
르리이다
14 그들은 죽었은즉 다시 살지 못하겠
고 사망하였은즉 일어나지 못할 것이
니 이는 주께서 벌하여 그들을 멸하
사 그들의 모든 기억을 없이하셨음이
니이다
15 여호와여 주께서 이 나라를 더 크게
하셨고 이 나라를 더 크게 하셨나이
다 스스로 영광을 얻으시고 이 땅의
모든 경계를 확장하셨나이다
16 ○ 여호와여 그들이 환난 중에 주를
앙모하였사오며 주의 징벌이 그들에
게 임할 때에 그들이 간절히 주께 기
도하였나이다
17 여호와여 잉태한 여인이 산기가 임
박하여 산고를 겪으며 부르짖음 같이
우리가 주 앞에서 그와 같으니이다
18 우리가 잉태하고 산고를 당하였을지
라도 바람을 낳은 것 같아서 땅에 구
원을 베풀지 못하였고 세계의 거민을

12】

13】

14】

15】

16】

17】

18】

출산하지 못하였나이다
19 주의 죽은 자들은 살아나고 그들의 시
체들은 일어나리이다 티끌에 누운 자
들아 너희는 깨어 노래하라 주의 이
슬은 빛난 이슬이니 땅이 죽은 자들
을 내놓으리로다

심판과 회복

20 ○ 내 백성아 갈지어다 네 밀실에 들
어가서 네 문을 닫고 분노가 지나기
까지 잠깐 숨을지어다
21 보라 여호와께서 그의 처소에서 나오
사 땅의 거민의 죄악을 벌하실 것이
라 땅이 그 위에 잦았던 피를 드러내
고 그 살해 당한 자를 다시는 덮지 아
니하리라

19】

20】

21】

27 1 그 날에 여호와께서 그의 견고하
고 크고 강한 칼로 날랜 뱀 리워야
단 곧 꼬불꼬불한 뱀 리워야단을 벌하
시며 바다에 있는 용을 죽이시리라
2 ○ 그 날에 너희는 아름다운 포도원
을 두고 노래를 부를지어다
3 나 여호와는 포도원지기가 됨이여 때
때로 물을 주며 밤낮으로 간수하여
아무든지 이를 해치지 못하게 하리
로다
4 나는 포도원에 대하여 노함이 없나니

1】

2】

3】

4】

찔레와 가시가 나를 대적하여 싸운다
하자 내가 그것을 밟고 모아 불사르
리라
5 그리하지 아니하면 내 힘을 의지하
고 나와 화친하며 나와 화친할 것이
니라
6 후일에는 야곱의 뿌리가 박히며 이스
라엘의 움이 돋고 꽃이 필 것이라 그
들이 그 결실로 지면을 채우리로다
7 ○ 주께서 그 백성을 치셨던들 그 백
성을 친 자들을 치심과 같았겠으며
백성이 죽임을 당하였던들 백성을 죽
인 자가 죽임을 당함과 같았겠느냐
8 주께서 백성을 적당하게 견책하사 쫓
아내실 때에 동풍 부는 날에 폭풍으
로 그들을 옮기셨느니라
9 야곱의 불의가 속함을 얻으며 그의 죄
없이함을 받을 결과는 이로 말미암나
니 곧 그가 제단의 모든 돌을 부서진
횟돌 같게 하며 아세라와 태양상이 다
시 서지 못하게 함에 있는 것이라
10 대저 견고한 성읍은 적막하고 거처가
황무하며 버림 받아 광야와 같은즉
송아지가 거기에서 먹고 거기에 누우
며 그 나무 가지를 먹어 없이하리라
11 가지가 마르면 꺾이나니 여인들이 와
서 그것을 불사를 것이라 백성이 지

5】
6】
7】
8】
9】
10】
11】

각이 없으므로 그들을 지으신 이가
불쌍히 여기지 아니하시며 그들을 조
성하신 이가 은혜를 베풀지 아니하시
리라
12 ○ 너희 이스라엘 자손들아 그 날에
여호와께서 창일하는 하수에서부터
애굽 시내에까지 과실을 떠는 것 같
이 너희를 하나하나 모으시리라
13 ○ 그 날에 큰 나팔을 불리니 앗수르
땅에서 멸망하는 자들과 애굽 땅으로
쫓겨난 자들이 돌아와서 예루살렘 성
산에서 여호와께 예배하리라

12】

13】

에브라임의 면류관이 밟히리라

28

1 에브라임의 술취한 자들의 교만
한 면류관은 화 있을진저 술에 빠
진 자의 성 곧 영화로운 관 같이 기름
진 골짜기 꼭대기에 세운 성이여 쇠
잔해 가는 꽃 같으니 화 있을진저
2 보라 주께 있는 강하고 힘 있는 자가
쏟아지는 우박 같이, 파괴하는 광풍
같이, 큰 물이 넘침 같이 손으로 그 면
류관을 땅에 던지리니
3 에브라임의 술취한 자들의 교만한 면
류관이 발에 밟힐 것이라
4 그 기름진 골짜기 꼭대기에 있는 그
의 영화가 쇠잔해 가는 꽃이 여름 전

1】

2】

3】

4】

에 처음 익은 무화과와 같으리니 보
는 자가 그것을 보고 얼른 따서 먹으
리로다
5 그 날에 만군의 여호와께서 자기 백
성의 남은 자에게 영화로운 면류관
이 되시며 아름다운 화관이 되실 것
이라
6 재판석에 앉은 자에게는 판결하는 영
이 되시며 성문에서 싸움을 물리치는
자에게는 힘이 되시리로다
7 그리하여도 이들은 포도주로 말미
암아 옆 걸음 치며 독주로 말미암아
비틀거리며 제사장과 선지자도 독주
로 말미암아 옆 걸음 치며 포도주에
빠지며 독주로 말미암아 비틀거리며
환상을 잘못 풀며 재판할 때에 실수
하나니
8 모든 상에는 토한 것, 더러운 것이 가
득하고 깨끗한 곳이 없도다

여호와께서 그들이 붙잡히게 하시리라

9 ○ 그들이 이르기를 그가 누구에게
지식을 가르치며 누구에게 도를 전하
여 깨닫게 하려는가 젖 떨어져 품을
떠난 자들에게 하려는가
10 대저 경계에 경계를 더하며 경계에
경계를 더하며 교훈에 교훈을 더하며
교훈에 교훈을 더하되 여기서도 조금,

5】

6】

7】

8】

9】

10】

저기서도 조금 하는구나 하는도다
11 ○ 그러므로 더듬는 입술과 다른 방언
으로 그가 이 백성에게 말씀하시리라
12 전에 그들에게 이르시기를 이것이 너
희 안식이요 이것이 너희 상쾌함이
니 너희는 곤비한 자에게 안식을 주
라 하셨으나 그들이 듣지 아니하였으
므로
13 여호와께서 그들에게 말씀하시되 경
계에 경계를 더하며 경계에 경계를
더하며 교훈에 교훈을 더하며 교훈에
교훈을 더하고 여기서도 조금, 저기
서도 조금 하사 그들이 가다가 뒤로
넘어져 부러지며 걸리며 붙잡히게 하
시리라

시온의 기초 돌

14 ○ 이러므로 예루살렘에서 이 백성을
다스리는 너희 오만한 자여 여호와의
말씀을 들을지어다
15 너희가 말하기를 우리는 사망과 언
약하였고 스올과 맹약하였은즉 넘치
는 재앙이 밀려올지라도 우리에게 미
치지 못하리니 우리는 거짓을 우리의
피난처로 삼았고 허위 아래에 우리를
숨겼음이라 하는도다
16 그러므로 주 여호와께서 이같이 이르
시되 보라 내가 한 돌을 시온에 두어

11】

12】

13】

14】

15】

16】

기초를 삼았노니 곧 시험한 돌이요 귀
하고 견고한 기촛돌이라 그것을 믿는
이는 다급하게 되지 아니하리로다
17 나는 정의를 측량줄로 삼고 공의를
저울추로 삼으니 우박이 거짓의 피난
처를 소탕하며 물이 그 숨는 곳에 넘
칠 것인즉
18 너희가 사망과 더불어 세운 언약이
폐하며 스올과 더불어 맺은 맹약이
서지 못하여 넘치는 재앙이 밀려올
때에 너희가 그것에게 밟힘을 당할
것이라
19 그것이 지나갈 때마다 너희를 잡을
것이니 아침마다 지나가며 주야로 지
나가리니 소식을 깨닫는 것이 오직
두려움이라
20 침상이 짧아서 능히 몸을 펴지 못하
며 이불이 좁아서 능히 몸을 싸지 못
함 같으리라 하셨느니라
21 대저 여호와께서 브라심 산에서와 같
이 일어나시며 기브온 골짜기에서와
같이 진노하사 자기의 일을 행하시리
니 그의 일이 비상할 것이며 자기의
사역을 이루시리니 그의 사역이 기이
할 것임이라
22 그러므로 너희는 오만한 자가 되지
말라 너희 결박이 단단해질까 하노라

17】

18】

19】

20】

21】

22】

대저 온 땅을 멸망시키기로 작정하신
것을 내가 만군의 주 여호와께로부터
들었느니라

여호와의 모략과 지혜

23 ○ 너희는 귀를 기울여 내 목소리를
들으라 자세히 내 말을 들으라
24 파종하려고 가는 자가 어찌 쉬지 않
고 갈기만 하겠느냐 자기 땅을 개간
하며 고르게만 하겠느냐
25 지면을 이미 평평히 하였으면 소회
향을 뿌리며 대회향을 뿌리며 소맥을
줄줄이 심으며 대맥을 정한 곳에 심
으며 귀리를 그 가에 심지 아니하겠
느냐
26 이는 그의 하나님이 그에게 적당한
방법을 보이사 가르치셨음이며
27 소회향은 도리깨로 떨지 아니하며 대
회향에는 수레 바퀴를 굴리지 아니하
고 소회향은 작대기로 떨고 대회향은
막대기로 떨며
28 곡식은 부수는가, 아니라 늘 떨기만
하지 아니하고 그것에 수레바퀴를 굴
리고 그것을 말굽으로 밟게 할지라도
부수지는 아니하나니
29 이도 만군의 여호와께로부터 난 것이
라 그의 경영은 기묘하며 지혜는 광
대하니라

23】

24】

25】

26】

27】

28】

29】

아리엘을 괴롭게 하리라

29 1 슬프다 아리엘이여 아리엘이여
다윗이 진 친 성읍이여 해마다 절
기가 돌아오려니와
2 내가 아리엘을 괴롭게 하리니 그가
슬퍼하고 애곡하며 내게 아리엘과 같
이 되리라
3 내가 너를 사면으로 둘러 진을 치며
너를 에워 대를 쌓아 너를 치리니
4 네가 낮아져서 땅에서 말하며 네 말
소리가 나직이 티끌에서 날 것이라
네 목소리가 신접한 자의 목소리 같
이 땅에서 나며 네 말소리가 티끌에서
지껄이리라
5 ○ 그럴지라도 네 대적의 무리는 세
미한 티끌 같겠고 강포한 자의 무리
는 날려 가는 겨 같으리니 그 일이 순
식간에 갑자기 일어날 것이라
6 만군의 여호와께서 우레와 지진과 큰
소리와 회오리바람과 폭풍과 맹렬한
불꽃으로 그들을 징벌하실 것인즉
7 아리엘을 치는 열방의 무리 곧 아리
엘과 그 요새를 쳐서 그를 곤고하게
하는 모든 자는 꿈 같이, 밤의 환상 같
이 되리니
8 주린 자가 꿈에 먹었을지라도 깨면 그
속은 여전히 비고 목마른 자가 꿈에

1】

2】

3】

4】

5】

6】

7】

8】

마셨을지라도 깨면 곤비하며 그 속에
갈증이 있는 것 같이 시온 산을 치는
열방의 무리가 그와 같으리라

입술로는 공경하나 마음은 떠났다

9 ○ 너희는 놀라고 놀라라 너희는 맹
인이 되고 맹인이 되라 그들의 취함
이 포도주로 말미암음이 아니며 그들
의 비틀거림이 독주로 말미암음이 아
니니라
10 대저 여호와께서 깊이 잠들게 하는 영
을 너희에게 부어 주사 너희의 눈을 감
기셨음이니 그가 선지자들과 너희의
지도자인 선견자들을 덮으셨음이라
11 그러므로 모든 계시가 너희에게는 봉
한 책의 말처럼 되었으니 그것을 글
아는 자에게 주며 이르기를 그대에게
청하노니 이를 읽으라 하면 그가 대
답하기를 그것이 봉해졌으니 나는 못
읽겠노라 할 것이요
12 또 그 책을 글 모르는 자에게 주며 이
르기를 그대에게 청하노니 이를 읽으
라 하면 그가 대답하기를 나는 글을
모른다 할 것이니라
13 ○ 주께서 이르시되 이 백성이 입으
로는 나를 가까이 하며 입술로는 나를
공경하나 그들의 마음은 내게서 멀리
떠났나니 그들이 나를 경외함은 사람

9】

10】

11】

12】

13】

의 계명으로 가르침을 받았을 뿐이라
14 그러므로 내가 이 백성 중에 기이한 일
곧 기이하고 가장 기이한 일을 다시 행
하리니 그들 중에서 지혜자의 지혜가
없어지고 명철자의 총명이 가려지리라

이제부터는 교훈을 받으리라

15 ○ 자기의 계획을 여호와께 깊이 숨
기려 하는 자들은 화 있을진저 그들
의 일을 어두운 데에서 행하며 이르
기를 누가 우리를 보랴 누가 우리를
알랴 하니
16 너희의 패역함이 심하도다 토기장이
를 어찌 진흙 같이 여기겠느냐 지음
을 받은 물건이 어찌 자기를 지은 이
에게 대하여 이르기를 그가 나를 짓
지 아니하였다 하겠으며 빚음을 받은
물건이 자기를 빚은 이에게 대하여 이
르기를 그가 총명이 없다 하겠느냐
17 ○ 오래지 아니하여 레바논이 기름진
밭으로 변하지 아니하겠으며 기름진
밭이 숲으로 여겨지지 아니하겠느냐
18 그 날에 못 듣는 사람이 책의 말을 들
을 것이며 어둡고 캄캄한 데에서 맹
인의 눈이 볼 것이며
19 겸손한 자에게 여호와로 말미암아 기
쁨이 더하겠고 사람 중 가난한 자가
이스라엘의 거룩하신 이로 말미암아

14】

15】

16】

17】

18】

19】

즐거워하리니
20 이는 강포한 자가 소멸되었으며 오만
한 자가 그쳤으며 죄악의 기회를 엿
보던 자가 다 끊어졌음이라
21 그들은 송사로 사람에게 죄를 씌우며
성문에서 판단하는 자를 올무로 잡듯
하며 헛된 일로 의인을 억울하게 하
느니라
22 ○ 그러므로 아브라함을 구속하신 여
호와께서 야곱 족속에 대하여 이같이
말씀하시되 야곱이 이제는 부끄러워
하지 아니하겠고 그의 얼굴이 이제는
창백해지지 아니할 것이며
23 그의 자손은 내 손이 그 가운데에서 행
한 것을 볼 때에 내 이름을 거룩하다 하
며 야곱의 거룩한 이를 거룩하다 하며
이스라엘의 하나님을 경외할 것이며
24 마음이 혼미하던 자들도 총명하게 되
며 원망하던 자들도 교훈을 받으리라
하셨느니라

20】

21】

22】

23】

24】

애굽과 맺은 맹약이 헛되다

30 1 여호와께서 이르시되 패역한 자식
들은 화 있을진저 그들이 계교를
베푸나 나로 말미암지 아니하며 맹약
을 맺으나 나의 영으로 말미암지 아
니하고 죄에 죄를 더하도다

1】

2 그들이 바로의 세력 안에서 스스로
강하려 하며 애굽의 그늘에 피하려
하여 애굽으로 내려갔으되 나의 입에
묻지 아니하였도다
3 그러므로 바로의 세력이 너희의 수치
가 되며 애굽의 그늘에 피함이 너희
의 수욕이 될 것이라
4 그 고관들이 소안에 있고 그 사신들
이 하네스에 이르렀으나
5 그들이 다 자기를 유익하게 하지 못
하는 민족으로 말미암아 수치를 당하
리니 그 민족이 돕지도 못하며 유익
하게도 못하고 수치가 되게 하며 수
욕이 되게 할 뿐임이니라
6 ○ 네겝 짐승들에 관한 경고라
○ 사신들이 그들의 재물을 어린 나
귀 등에 싣고 그들의 보물을 낙타 안
장에 얹고 암사자와 수사자와 독사와
및 날아다니는 불뱀이 나오는 위험하
고 곤고한 땅을 지나 자기에게 무익
한 민족에게로 갔으나
7 애굽의 도움은 헛되고 무익하니라 그
러므로 내가 애굽을 가만히 앉은 라
합이라 일컬었느니라

패역한 백성

8 ○ 이제 가서 백성 앞에서 서판에 기
록하며 책에 써서 후세에 영원히 있

2】

3】

4】

5】

6】

7】

8】

게 하라
9 대저 이는 패역한 백성이요 거짓말
하는 자식들이요 여호와의 법을 듣기
싫어하는 자식들이라
10 그들이 선견자들에게 이르기를 선견
하지 말라 선지자들에게 이르기를 우
리에게 바른 것을 보이지 말라 우리
에게 부드러운 말을 하라 거짓된 것
을 보이라
11 너희는 바른 길을 버리며 첩경에서 돌
이키라 이스라엘의 거룩하신 이를 우
리 앞에서 떠나시게 하라 하는도다
12 이러므로 이스라엘의 거룩하신 이가
이같이 말씀하시되 너희가 이 말을
업신여기고 압박과 허망을 믿어 그것
을 의지하니
13 이 죄악이 너희에게 마치 무너지려고
터진 담이 불쑥 나와 순식간에 무너
짐 같게 되리라 하셨은즉
14 그가 이 나라를 무너뜨리시되 토기장
이가 그릇을 깨뜨림 같이 아낌이 없
이 부수시리니 그 조각 중에서, 아궁
이에서 불을 붙이거나 물 웅덩이에서
물을 뜰 것도 얻지 못하리라
15 ○ 주 여호와 이스라엘의 거룩하신
이가 이같이 말씀하시되 너희가 돌
이켜 조용히 있어야 구원을 얻을 것

9】

10】

11】

12】

13】

14】

15】

이요 잠잠하고 신뢰하여야 힘을 얻을
것이거늘 너희가 원하지 아니하고
16 이르기를 아니라 우리가 말 타고 도
망하리라 하였으므로 너희가 도망할
것이요 또 이르기를 우리가 빠른 짐
승을 타리라 하였으므로 너희를 쫓는
자들이 빠르리니
17 한 사람이 꾸짖은즉 천 사람이 도망
하겠고 다섯이 꾸짖은즉 너희가 다
도망하고 너희 남은 자는 겨우 산 꼭
대기의 깃대 같겠고 산마루 위의 기
치 같으리라 하셨느니라

하나님을 기다리는 자는 복이 있도다

18 ○ 그러나 여호와께서 기다리시나니
이는 너희에게 은혜를 베풀려 하심이
요 일어나시리니 이는 너희를 긍휼히
여기려 하심이라 대저 여호와는 정의
의 하나님이심이라 그를 기다리는 자
마다 복이 있도다
19 시온에 거주하며 예루살렘에 거주하
는 백성아 너는 다시 통곡하지 아니
할 것이라 그가 네 부르짖는 소리로
말미암아 네게 은혜를 베푸시되 그가
들으실 때에 네게 응답하시리라
20 주께서 너희에게 환난의 떡과 고생의
물을 주시나 네 스승은 다시 숨기지
아니하시리니 네 눈이 네 스승을 볼

16】

17】

18】

19】

20】

것이며
21 너희가 오른쪽으로 치우치든지 왼쪽
으로 치우치든지 네 뒤에서 말소리가
네 귀에 들려 이르기를 이것이 바른 길
이니 너희는 이리로 가라 할 것이며
22 또 너희가 너희 조각한 우상에 입힌
은과 부어 만든 우상에 올린 금을 더
럽게 하여 불결한 물건을 던짐 같이
던지며 이르기를 나가라 하리라
23 ○ 네가 땅에 뿌린 종자에 주께서 비
를 주사 땅이 먹을 것을 내며 곡식이
풍성하고 기름지게 하실 것이며 그
날에 네 가축이 광활한 목장에서 먹
을 것이요
24 밭 가는 소와 어린 나귀도 키와 쇠스
랑으로 까부르고 맛있게 한 먹이를
먹을 것이며
25 크게 살륙하는 날 망대가 무너질 때
에 고산마다 준령마다 그 뒤에 개울
과 시냇물이 흐를 것이며
26 여호와께서 자기 백성의 상처를 싸
매시며 그들의 맞은 자리를 고치시
는 날에는 달빛은 햇빛 같겠고 햇빛
은 일곱 배가 되어 일곱 날의 빛과 같
으리라

여호와께서 앗수르를 치시리라

27 ○ 보라 여호와의 이름이 원방에서부

21】

22】

23】

24】

25】

26】

27】

터 오되 그의 진노가 불 붙듯 하며 빽
빽한 연기가 일어나듯 하며 그의 입
술에는 분노가 찼으며 그의 혀는 맹
렬한 불 같으며
28 그의 호흡은 마치 창일하여 목에까지
미치는 하수 같은즉 그가 멸하는 키
로 열방을 까부르며 여러 민족의 입
에 미혹하는 재갈을 물리시리니
29 너희가 거룩한 절기를 지키는 밤에
하듯이 노래할 것이며 피리를 불며
여호와의 산으로 가서 이스라엘의 반
석에게로 나아가는 자 같이 마음에
즐거워할 것이라
30 여호와께서 그의 장엄한 목소리를 듣
게 하시며 혁혁한 진노로 그의 팔의
치심을 보이시되 맹렬한 화염과 폭풍
과 폭우와 우박으로 하시리니
31 여호와의 목소리에 앗수르가 낙담할
것이며 주께서는 막대기로 치실 것
이라
32 여호와께서 예정하신 몽둥이를 앗수
르 위에 더하실 때마다 소고를 치며
수금을 탈 것이며 그는 전쟁 때에 팔
을 들어 그들을 치시리라
33 대저 도벳은 이미 세워졌고 또 왕을
위하여 예비된 것이라 깊고 넓게 하
였고 거기에 불과 많은 나무가 있은

28】

29】

30】

31】

32】

33】

즉 여호와의 호흡이 유황 개천 같아
서 이를 사르시리라

31
1 도움을 구하러 애굽으로 내려가는
자들은 화 있을진저 그들은 말을
의지하며 병거의 많음과 마병의 심히
강함을 의지하고 이스라엘의 거룩하
신 이를 앙모하지 아니하며 여호와를
구하지 아니하나니
2 여호와께서도 지혜로우신즉 재앙을
내리실 것이라 그의 말씀들을 변하게
하지 아니하시고 일어나사 악행하는
자들의 집을 치시며 행악을 돕는 자
들을 치시리니
3 애굽은 사람이요 신이 아니며 그들의
말들은 육체요 영이 아니라 여호와께
서 그의 손을 펴시면 돕는 자도 넘어
지며 도움을 받는 자도 엎드러져서
다 함께 멸망하리라
4 ○ 여호와께서 이같이 내게 이르시되
큰 사자나 젊은 사자가 자기의 먹이를
움키고 으르렁거릴 때에 그것을 치려
고 여러 목자를 불러 왔다 할지라도
그것이 그들의 소리로 말미암아 놀라
지 아니할 것이요 그들의 떠듦으로 말
미암아 굴복하지 아니할 것이라 이와
같이 나 만군의 여호와가 강림하여 시

1】

2】

3】

4】

년 월 일

온 산과 그 언덕에서 싸울 것이라
5 새가 날개 치며 그 새끼를 보호함 같
이 나 만군의 여호와가 예루살렘을
보호할 것이라 그것을 호위하며 건지
며 뛰어넘어 구원하리라 하셨느니라
6 이스라엘 자손들아 너희는 심히 거역
하던 자에게로 돌아오라
7 너희가 자기 손으로 만들어 범죄한
은 우상, 금 우상을 그 날에는 각 사람
이 던져 버릴 것이며
8 앗수르는 칼에 엎드러질 것이나 사
람의 칼로 말미암음이 아니겠고 칼
에 삼켜질 것이나 사람의 칼로 말미
암음이 아닐 것이며 그는 칼 앞에서
도망할 것이요 그의 장정들은 복역하
는 자가 될 것이라
9 그의 반석은 두려움으로 말미암아 물
러가겠고 그의 고관들은 기치로 말미
암아 놀라리라 이는 여호와의 말씀이
라 여호와의 불은 시온에 있고 여호
와의 풀무는 예루살렘에 있느니라

5】

6】

7】

8】

9】

의로 통치할 왕

32 1 보라 장차 한 왕이 공의로 통치할
것이요 방백들이 정의로 다스릴 것
이며
2 또 그 사람은 광풍을 피하는 곳, 폭우

1】

2】

를 가리는 곳 같을 것이며 마른 땅에
냇물 같을 것이며 곤비한 땅에 큰 바
위 그늘 같으리니
3 보는 자의 눈이 감기지 아니할 것이
요 듣는 자가 귀를 기울일 것이며
4 조급한 자의 마음이 지식을 깨닫고
어눌한 자의 혀가 민첩하여 말을 분
명히 할 것이라
5 어리석은 자를 다시 존귀하다 부르지
아니하겠고 우둔한 자를 다시 존귀한
자라 말하지 아니하리니
6 이는 어리석은 자는 어리석은 것을
말하며 그 마음에 불의를 품어 간사
를 행하며 패역한 말로 여호와를 거
스르며 주린 자의 속을 비게 하며 목
마른 자에게서 마실 것을 없어지게
함이며
7 악한 자는 그 그릇이 악하여 악한 계
획을 세워 거짓말로 가련한 자를 멸
하며 가난한 자가 말을 바르게 할지
라도 그리함이거니와
8 존귀한 자는 존귀한 일을 계획하나니
그는 항상 존귀한 일에 서리라

심판과 회복

9 ○ 너희 안일한 여인들아 일어나 내
목소리를 들을지어다 너희 염려 없는
딸들아 내 말에 귀를 기울일지어다

3】

4】

5】

6】

7】

8】

9】

10 너희 염려 없는 여자들아 일 년 남짓
지나면 너희가 당황하리니 포도 수확
이 없으며 열매 거두는 일이 이르지
않을 것임이라
11 너희 안일한 여자들아 떨지어다 너희
염려 없는 자들아 당황할지어다 옷을
벗어 몸을 드러내고 베로 허리를 동
일지어다
12 그들은 좋은 밭으로 인하여 열매 많
은 포도나무로 인하여 가슴을 치게
될 것이니라
13 내 백성의 땅에 가시와 찔레가 나며
희락의 성읍, 기뻐하는 모든 집에 나
리니
14 대저 궁전이 폐한 바 되며 인구 많던
성읍이 적막하며 오벨과 망대가 영원
히 굴혈이 되며 들나귀가 즐기는 곳
과 양 떼의 초장이 되려니와
15 마침내 위에서부터 영을 우리에게 부
어 주시리니 광야가 아름다운 밭이
되며 아름다운 밭을 숲으로 여기게
되리라
16 ○ 그 때에 정의가 광야에 거하며 공
의가 아름다운 밭에 거하리니
17 공의의 열매는 화평이요 공의의 결과
는 영원한 평안과 안전이라
18 내 백성이 화평한 집과 안전한 거처

10】

11】

12】

13】

14】

15】

16】

17】

18】

와 조용히 쉬는 곳에 있으려니와
19 그 숲은 우박에 상하고 성읍은 파괴
되리라
20 모든 물 가에 씨를 뿌리고 소와 나귀를
그리로 모는 너희는 복이 있느니라

19】

20】

은혜를 구하는 기도

33

1 너 학대를 당하지 아니하고도 학
대하며 속이고도 속임을 당하지 아
니하는 자여 화 있을진저 네가 학대
하기를 그치면 네가 학대를 당할 것
이며 네가 속이기를 그치면 사람이 너
를 속이리라
2 여호와여 우리에게 은혜를 베푸소서
우리가 주를 앙망하오니 주는 아침마
다 우리의 팔이 되시며 환난 때에 우
리의 구원이 되소서
3 요란한 소리로 말미암아 민족들이 도
망하며 주께서 일어나심으로 말미암
아 나라들이 흩어졌나이다
4 황충의 떼 같이 사람이 너희의 노략물
을 모을 것이며 메뚜기가 뛰어오름 같
이 그들이 그 위로 뛰어오르리라
5 여호와께서는 지극히 존귀하시니 그
는 높은 곳에 거하심이요 정의와 공의
를 시온에 충만하게 하심이라
6 네 시대에 평안함이 있으며 구원과 지

1】

2】

3】

4】

5】

6】

혜와 지식이 풍성할 것이니 여호와를
경외함이 네 보배니라

높은 곳에 거할 자
7 ○ 보라 그들의 용사가 밖에서 부르짖
으며 평화의 사신들이 슬피 곡하며
8 대로가 황폐하여 행인이 끊어지며 대
적이 조약을 파하고 성읍들을 멸시하
며 사람을 생각하지 아니하며
9 땅이 슬퍼하고 쇠잔하며 레바논은 부
끄러워하고 마르며 사론은 사막과 같
고 바산과 갈멜은 나뭇잎을 떨어뜨리
는도다
10 여호와께서 이르시되 내가 이제 일어
나며 내가 이제 나를 높이며 내가 이
제 지극히 높아지리니
11 너희가 겨를 잉태하고 짚을 해산할
것이며 너희의 호흡은 불이 되어 너
희를 삼킬 것이며
12 민족들은 불에 굽는 횟돌 같겠고 잘
라서 불에 사르는 가시나무 같으리
로다
13 너희 먼 데에 있는 자들아 내가 행한
것을 들으라 너희 가까이에 있는 자
들아 나의 권능을 알라
14 시온의 죄인들이 두려워하며 경건하
지 아니한 자들이 떨며 이르기를 우
리 중에 누가 삼키는 불과 함께 거하

7】

8】

9】

10】

11】

12】

13】

14】

겠으며 우리 중에 누가 영영히 타는
것과 함께 거하리요 하도다
15 오직 공의롭게 행하는 자, 정직히 말
하는 자, 토색한 재물을 가증히 여기
는 자, 손을 흔들어 뇌물을 받지 아니
하는 자, 귀를 막아 피 흘리려는 꾀를
듣지 아니하는 자, 눈을 감아 악을 보
지 아니하는 자,
16 그는 높은 곳에 거하리니 견고한 바
위가 그의 요새가 되며 그의 양식은
공급되고 그의 물은 끊어지지 아니하
리라

시온 성을 보라

17 ○ 네 눈은 왕을 그의 아름다운 가운
데에서 보며 광활한 땅을 눈으로 보
겠고
18 네 마음은 두려워하던 것을 생각해
내리라 계산하던 자가 어디 있느냐
공세를 계량하던 자가 어디 있느냐
망대를 계수하던 자가 어디 있느냐
19 네가 강포한 백성을 보지 아니하리라
그 백성은 방언이 어려워 네가 알아
듣지 못하며 말이 이상하여 네가 깨
닫지 못하는 자니라
20 우리 절기의 시온 성을 보라 네 눈이
안정된 처소인 예루살렘을 보리니 그
것은 옮겨지지 아니할 장막이라 그

15】

16】

17】

18】

19】

20】

말뚝이 영영히 뽑히지 아니할 것이요
그 줄이 하나도 끊어지지 아니할 것
이며
21 여호와는 거기에 위엄 중에 우리와
함께 계시리니 그 곳에는 여러 강과
큰 호수가 있으나 노 젓는 배나 큰 배
가 통행하지 못하리라
22 대저 여호와는 우리 재판장이시요 여
호와는 우리에게 율법을 세우신 이요
여호와는 우리의 왕이시니 그가 우리
를 구원하실 것임이라
23 네 돛대 줄이 풀렸으니 돛대의 밑을
튼튼히 하지 못하였고 돛을 달지 못
하였느니라 때가 되면 많은 재물을
탈취하여 나누리니 저는 자도 그 재
물을 취할 것이며
24 그 거주민은 내가 병들었노라 하지
아니할 것이라 거기에 사는 백성이
사죄함을 받으리라

21】

22】

23】

24】

여호와께서 원수들을 벌하시리라

34

1 열국이여 너희는 나아와 들을지
어다 민족들이여 귀를 기울일지어
다 땅과 땅에 충만한 것, 세계와 세계
에서 나는 모든 것이여 들을지어다
2 대저 여호와께서 열방을 향하여 진노
하시며 그들의 만군을 향하여 분내사

1】

2】

그들을 진멸하시며 살륙 당하게 하셨
은즉
3 그 살륙 당한 자는 내던진 바 되며 그
사체의 악취가 솟아오르고 그 피에
산들이 녹을 것이며
4 하늘의 만상이 사라지고 하늘들이 두
루마리 같이 말리되 그 만상의 쇠잔
함이 포도나무 잎이 마름 같고 무화
과나무 잎이 마름 같으리라
5 여호와의 칼이 하늘에서 족하게 마셨
은즉 보라 이것이 에돔 위에 내리며
진멸하시기로 한 백성 위에 내려 그
를 심판할 것이라
6 여호와의 칼이 피 곧 어린 양과 염소
의 피에 만족하고 기름 곧 숫양의 콩
팥 기름으로 윤택하니 이는 여호와를
위한 희생이 보스라에 있고 큰 살륙
이 에돔 땅에 있음이라
7 들소와 송아지와 수소가 함께 도살장
에 내려가니 그들의 땅이 피에 취하
며 흙이 기름으로 윤택하리라
8 ○ 이것은 여호와께서 보복하시는 날
이요 시온의 송사를 위하여 신원하시
는 해라
9 에돔의 시내들은 변하여 역청이 되고
그 티끌은 유황이 되고 그 땅은 불 붙
는 역청이 되며

3】

4】

5】

6】

7】

8】

9】

년 월 일

10 낮에나 밤에나 꺼지지 아니하고 그
연기가 끊임없이 떠오를 것이며 세세
에 황무하여 그리로 지날 자가 영영
히 없겠고
11 당아새와 고슴도치가 그 땅을 차지하
며 부엉이와 까마귀가 거기에 살 것
이라 여호와께서 그 위에 혼란의 줄
과 공허의 추를 드리우실 것인즉
12 그들이 국가를 이으려 하여 귀인들을
부르되 아무도 없겠고 그 모든 방백
도 없게 될 것이요
13 그 궁궐에는 가시나무가 나며 그 견
고한 성에는 엉겅퀴와 새품이 자라서
승냥이의 굴과 타조의 처소가 될 것
이니
14 들짐승이 이리와 만나며 숫염소가 그
동류를 부르며 올빼미가 거기에 살면
서 쉬는 처소로 삼으며
15 부엉이가 거기에 깃들이고 알을 낳아
까서 그 그늘에 모으며 솔개들도 각
각 제 짝과 함께 거기에 모이리라
16 ○ 너희는 여호와의 책에서 찾아 읽어
보라 이것들 가운데서 빠진 것이 하나
도 없고 제 짝이 없는 것이 없으리니
이는 여호와의 입이 이를 명령하셨고
그의 영이 이것들을 모으셨음이라
17 여호와께서 그것들을 위하여 제비를

10】

11】

12】

13】

14】

15】

16】

17】

뽑으시며 그의 손으로 줄을 띠어 그
땅을 그것들에게 나누어 주셨으니 그
들이 영원히 차지하며 대대로 거기에
살리라

거룩한 길

35 1 광야와 메마른 땅이 기뻐하며 사막
이 백합화 같이 피어 즐거워하며
2 무성하게 피어 기쁜 노래로 즐거워
하며 레바논의 영광과 갈멜과 사론의
아름다움을 얻을 것이라 그것들이 여
호와의 영광 곧 우리 하나님의 아름
다움을 보리로다
3 ○ 너희는 약한 손을 강하게 하며 떨
리는 무릎을 굳게 하며
4 겁내는 자들에게 이르기를 굳세어라,
두려워하지 말라, 보라 너희 하나님
이 오사 보복하시며 갚아 주실 것이
라 하나님이 오사 너희를 구하시리라
하라
5 ○ 그 때에 맹인의 눈이 밝을 것이며
못 듣는 사람의 귀가 열릴 것이며
6 그 때에 저는 자는 사슴 같이 뛸 것이
며 말 못하는 자의 혀는 노래하리니
이는 광야에서 물이 솟겠고 사막에서
시내가 흐를 것임이라
7 뜨거운 사막이 변하여 못이 될 것이

1】

2】

3】

4】

5】

6】

7】

며 메마른 땅이 변하여 원천이 될 것
이며 승냥이의 눕던 곳에 풀과 갈대
와 부들이 날 것이며
8 거기에 대로가 있어 그 길을 거룩한
길이라 일컫는 바 되리니 깨끗하지
못한 자는 지나가지 못하겠고 오직
구속함을 입은 자들을 위하여 있게
될 것이라 우매한 행인은 그 길로 다
니지 못할 것이며
9 거기에는 사자가 없고 사나운 짐승이
그리로 올라가지 아니하므로 그것을
만나지 못하겠고 오직 구속함을 받은
자만 그리로 행할 것이며
10 여호와의 속량함을 받은 자들이 돌아
오되 노래하며 시온에 이르러 그들의
머리 위에 영영한 희락을 띠고 기쁨
과 즐거움을 얻으리니 슬픔과 탄식이
사라지리로다

8】

9】

10】

앗수르가 예루살렘을 협박하다
(왕하 18:13-27; 대하 32:1-19)

36 1 히스기야 왕 십사년에 앗수르 왕
산헤립이 올라와서 유다의 모든
견고한 성을 쳐서 취하니라
2 앗수르 왕이 라기스에서부터 랍사게
를 예루살렘으로 보내되 대군을 거느
리고 히스기야 왕에게로 가게 하매
그가 윗못 수도 곁 세탁자의 밭 큰 길

1】

2】

에 서매
3 힐기야의 아들 왕궁 맡은 자 엘리아
김과 서기관 셉나와 아삽의 아들 사
관 요아가 그에게 나아가니라
4 ○ 랍사게가 그들에게 이르되 이제
히스기야에게 말하라 대왕 앗수르 왕
이 이같이 말씀하시기를 네가 믿는
바 그 믿는 것이 무엇이냐
5 내가 말하노니 네가 족히 싸울 계략
과 용맹이 있노라 함은 입술에 붙은
말뿐이니라 네가 이제 누구를 믿고
나를 반역하느냐
6 보라 네가 애굽을 믿는도다 그것은
상한 갈대 지팡이와 같은 것이라 사
람이 그것을 의지하면 손이 찔리리니
애굽 왕 바로는 그를 믿는 모든 자에
게 이와 같으니라
7 혹시 네가 내게 이르기를 우리는 우
리 하나님 여호와를 신뢰하노라 하리
라마는 그는 그의 산당과 제단을 히
스기야가 제하여 버리고 유다와 예루
살렘에 명령하기를 너희는 이 제단
앞에서만 예배하라 하던 그 신이 아
니냐 하셨느니라
8 그러므로 이제 청하노니 내 주 앗수
르 왕과 내기하라 내가 네게 말 이천
필을 주어도 너는 그 탈 자를 능히 내

3】

4】

5】

6】

7】

8】

지 못하리라
9 그런즉 네가 어찌 내 주의 종 가운데
극히 작은 총독 한 사람인들 물리칠
수 있으랴 어찌 애굽을 믿고 병거와
기병을 얻으려 하느냐
10 내가 이제 올라와서 이 땅을 멸하는
것이 여호와의 뜻이 없음이겠느냐 여
호와께서 내게 이르시기를 올라가 그
땅을 쳐서 멸하라 하셨느니라 하니라
11 ○ 이에 엘리아김과 셉나와 요아가 랍
사게에게 이르되 우리가 아람 방언을
아오니 청하건대 그 방언으로 당신의
종들에게 말하고 성 위에 있는 백성
이 듣는 데에서 우리에게 유다 방언
으로 말하지 마소서 하니
12 랍사게가 이르되 내 주께서 이 일을
네 주와 네게만 말하라고 나를 보내
신 것이냐 너희와 함께 자기의 대변
을 먹으며 자기의 소변을 마실 성 위
에 앉은 사람들에게도 하라고 보내신
것이 아니냐 하더라
13 ○ 이에 랍사게가 일어서서 유다 방
언으로 크게 외쳐 이르되 너희는 대
왕 앗수르 왕의 말씀을 들으라
14 왕의 말씀에 너희는 히스기야에게 미
혹되지 말라 그가 능히 너희를 건지
지 못할 것이니라

9】
10】
11】
12】
13】
14】

15 히스기야가 너희에게 여호와를 신뢰
하게 하려는 것을 따르지 말라 그가
말하기를 여호와께서 반드시 우리를
건지시리니 이 성이 앗수르 왕의 손
에 넘어가지 아니하리라 할지라도
16 히스기야의 말을 듣지 말라 앗수르
왕이 또 이같이 말씀하시기를 너희는
내게 항복하고 내게로 나아오라 그리
하면 너희가 각각 자기의 포도와 자
기의 무화과를 먹을 것이며 각각 자
기의 우물 물을 마실 것이요
17 내가 와서 너희를 너희 본토와 같이
곡식과 포도주와 떡과 포도원이 있는
땅에 옮기기까지 하리라
18 혹시 히스기야가 너희에게 이르기를
여호와께서 우리를 건지시리라 할지
라도 속지 말라 열국의 신들 중에 자
기의 땅을 앗수르 왕의 손에서 건진
자가 있느냐
19 하맛과 아르밧의 신들이 어디 있느냐
스발와임의 신들이 어디 있느냐 그들
이 사마리아를 내 손에서 건졌느냐
20 이 열방의 신들 중에 어떤 신이 자기
의 나라를 내 손에서 건져냈기에 여
호와가 능히 예루살렘을 내 손에서
건지겠느냐 하셨느니라 하니라
21 ○ 그러나 그들이 잠잠하여 한 말도

15】

16】

17】

18】

19】

20】

21】

대답하지 아니하였으니 이는 왕이 그
들에게 명령하여 대답하지 말라 하였
음이었더라
22 그 때에 힐기야의 아들 왕궁 맡은 자
엘리아김과 서기관 셉나와 아삽의 아
들 사관 요아가 자기의 옷을 찢고 히
스기야에게 나아가서 랍사게의 말을
그에게 전하니라

22】

왕이 이사야의 말을 듣고자 하다(왕하 19:1-7)

37 1 히스기야 왕이 듣고 자기의 옷을
찢고 굵은 베 옷을 입고 여호와의
전으로 갔고
2 왕궁 맡은 자 엘리아김과 서기관 셉
나와 제사장 중 어른들도 굵은 베 옷
을 입으니라 왕이 그들을 아모스의
아들 선지자 이사야에게로 보내매
3 그들이 이사야에게 이르되 히스기야
의 말씀에 오늘은 환난과 책벌과 능
욕의 날이라 아이를 낳으려 하나 해
산할 힘이 없음 같도다
4 당신의 하나님 여호와께서 랍사게의
말을 들으셨을 것이라 그가 그의 상
전 앗수르 왕의 보냄을 받고 살아 계
시는 하나님을 훼방하였은즉 당신의
하나님 여호와께서 혹시 그 말로 말
미암아 견책하실까 하노라 그런즉 바

1】

2】

3】

4】

라건대 당신은 이 남아 있는 자를 위
하여 기도하라 하시더이다 하니라
5 ○ 그리하여 히스기야 왕의 신하들이
이사야에게 나아가매
6 이사야가 그들에게 이르되 너희는 너
희 주에게 이렇게 말하라 여호와께서
이같이 말씀하시되 너희가 들은 바
앗수르 왕의 종들이 나를 능욕한 말
로 말미암아 두려워하지 말라
7 보라 내가 영을 그의 속에 두리니 그
가 소문을 듣고 그의 고국으로 돌아갈
것이며 또 내가 그를 그의 고국에서
칼에 죽게 하리라 하셨느니라 하니라

앗수르가 또 다른 협박을 하다(왕하 19:8-19)

8 ○ 앗수르 왕이 라기스를 떠났다 함
을 듣고 랍사게가 돌아가다가 그 왕
을 만나니 립나를 치고 있더라
9 그 때에 앗수르 왕이 구스 왕 디르하
가의 일에 관하여 들은즉 사람들이
이르기를 그가 나와서 왕과 싸우려
한다 하는지라 이 말을 듣고 사자들
을 히스기야에게 보내며 이르되
10 너희는 유다의 히스기야 왕에게 이
같이 말하여 이르기를 너는 네가 신
뢰하는 하나님이 예루살렘이 앗수르
왕의 손에 넘어가지 아니하리라 하는
말에 속지 말라

5】

6】

7】

8】

9】

10】

11 앗수르 왕들이 모든 나라에 어떤 일
을 행하였으며 그것을 어떻게 멸절시
켰는지 네가 들었으리니 네가 구원을
받겠느냐
12 나의 조상들이 멸하신 열방 고산과
하란과 레셉과 및 들라살에 있는 에
덴 자손을 그 나라들의 신들이 건졌
더냐
13 하맛 왕과 아르밧 왕과 스발와임 성
의 왕과 헤나 왕과 이와 왕이 어디 있
느냐 하라 하였더라
14 ○ 히스기야가 그 사자들의 손에서
글을 받아 보고 여호와의 전에 올라
가서 그 글을 여호와 앞에 펴 놓고
15 여호와께 기도하여 이르되
16 그룹 사이에 계신 이스라엘 하나님
만군의 여호와여 주는 천하 만국에
유일하신 하나님이시라 주께서 천지
를 만드셨나이다
17 여호와여 귀를 기울여 들으시옵소서
여호와여 눈을 뜨고 보시옵소서 산헤
립이 사람을 보내어 살아 계시는 하나
님을 훼방한 모든 말을 들으시옵소서
18 여호와여 앗수르 왕들이 과연 열국과
그들의 땅을 황폐하게 하였고
19 그들의 신들을 불에 던졌사오나 그들
은 신이 아니라 사람의 손으로 만든

11】

12】

13】

14】

15】

16】

17】

18】

19】

것일 뿐이요 나무와 돌이라 그러므로
멸망을 당하였나이다
20 우리 하나님 여호와여 이제 우리를
그의 손에서 구원하사 천하 만국이
주만이 여호와이신 줄을 알게 하옵소
서 하니라

이사야가 왕에게 전한 말(왕하 19:20-37)

21 ○ 아모스의 아들 이사야가 사람을
보내어 히스기야에게 이르되 이스라
엘의 하나님 여호와께서 말씀하시되
네가 앗수르의 산헤립 왕의 일로 내
게 기도하였도다 하시고
22 여호와께서 그에 대하여 이같이 이르
시되 처녀 딸 시온이 너를 멸시하며
조소하였고 딸 예루살렘이 너를 향하
여 머리를 흔들었느니라
23 네가 훼방하며 능욕한 것은 누구에게
냐 네가 소리를 높이며 눈을 높이 들
어 향한 것은 누구에게냐 곧 이스라
엘의 거룩하신 이에게니라
24 네가 네 종을 통해서 주를 훼방하여
이르기를 내가 나의 허다한 병거를
거느리고 산들의 꼭대기에 올라가며
레바논의 깊은 곳에 이르렀으니 높은
백향목과 아름다운 향나무를 베고 또
그 제일 높은 곳에 들어가 살진 땅의
수풀에 이를 것이며

20】

21】

22】

23】

24】

25 내가 우물을 파서 물을 마셨으니 내
발바닥으로 애굽의 모든 하수를 말리
리라 하였도다
26 네가 어찌하여 듣지 못하였느냐 이
일들은 내가 태초부터 행한 바요 상
고부터 정한 바로서 이제 내가 이루
어 네가 견고한 성읍들을 헐어 돌무
더기가 되게 하였노라
27 그러므로 그 주민들이 힘이 약하여
놀라며 수치를 당하여 들의 풀 같이,
푸른 나물 같이, 지붕의 풀 같이, 자라
지 못한 곡초 같이 되었느니라
28 네 거처와 네 출입과 네가 나를 거슬
러 분노함을 내가 아노라
29 네가 나를 거슬러 분노함과 네 오만
함이 내 귀에 들렸으므로 내가 갈고
리로 네 코를 꿰며 재갈을 네 입에 물
려 너를 오던 길로 돌아가게 하리라
하셨나이다
30 ○ 왕이여 이것이 왕에게 징조가 되
리니 올해는 스스로 난 것을 먹을 것
이요 둘째 해에는 또 거기에서 난 것
을 먹을 것이요 셋째 해에는 심고 거
두며 포도나무를 심고 그 열매를 먹
을 것이니이다
31 유다 족속 중에 피하여 남은 자는 다
시 아래로 뿌리를 박고 위로 열매를

25】

26】

27】

28】

29】

30】

31】

맺으리니
32 이는 남은 자가 예루살렘에서 나오
며 피하는 자가 시온 산에서 나올 것
임이라 만군의 여호와의 열심이 이를
이루시리이다
33 ○ 그러므로 여호와께서 앗수르 왕에
대하여 이같이 이르시되 그가 이 성
에 이르지 못하며 화살 하나도 이리
로 쏘지 못하며 방패를 가지고 성에
가까이 오지도 못하며 흉벽을 쌓고
치지도 못할 것이요
34 그가 오던 길 곧 그 길로 돌아가고 이
성에 이르지 못하리라 나 여호와의
말이니라
35 대저 내가 나를 위하며 내 종 다윗을
위하여 이 성을 보호하며 구원하리라
하셨나이다 하니라
36 ○ 여호와의 사자가 나가서 앗수르 진
중에서 십팔만 오천인을 쳤으므로 아
침에 일찍이 일어나 본즉 시체뿐이라
37 이에 앗수르의 산헤립 왕이 떠나 돌
아가서 니느웨에 거주하더니
38 자기 신 니스록의 신전에서 경배할
때에 그의 아들 아드람멜렉과 사레셀
이 그를 칼로 죽이고 아라랏 땅으로
도망하였으므로 그의 아들 에살핫돈
이 이어 왕이 되니라

32】

33】

34】

35】

36】

37】

38】

히스기야 왕의 발병과 회복
(왕하 20:1-11; 대하 32:24-26)

38
1 그 때에 히스기야가 병들어 죽게
되니 아모스의 아들 선지자 이사야
가 나아가 그에게 이르되 여호와께
서 이같이 말씀하시기를 너는 네 집
에 유언하라 네가 죽고 살지 못하리
라 하셨나이다 하니
2 히스기야가 얼굴을 벽으로 향하고 여
호와께 기도하여
3 이르되 여호와여 구하오니 내가 주 앞
에서 진실과 전심으로 행하며 주의 목
전에서 선하게 행한 것을 기억하옵소
서 하고 히스기야가 심히 통곡하니
4 이에 여호와의 말씀이 이사야에게 임
하여 이르시되
5 너는 가서 히스기야에게 이르기를 네
조상 다윗의 하나님 여호와께서 이같
이 말씀하시기를 내가 네 기도를 들
었고 네 눈물을 보았노라 내가 네 수
한에 십오 년을 더하고
6 너와 이 성을 앗수르 왕의 손에서 건져
내겠고 내가 또 이 성을 보호하리라
7 이는 여호와께로 말미암는 너를 위한
징조이니 곧 여호와께서 하신 말씀을
그가 이루신다는 증거이니라
8 보라 아하스의 해시계에 나아갔던 해
그림자를 뒤로 십 도를 물러가게 하

1】

2】

3】

4】

5】

6】

7】

8】

리라 하셨다 하라 하시더니 이에 해
시계에 나아갔던 해의 그림자가 십
도를 물러가니라
9 ○ 유다 왕 히스기야가 병들었다가
그의 병이 나은 때에 기록한 글이 이
러하니라
10 내가 말하기를 나의 중년에 스올의
문에 들어가고 나의 여생을 빼앗기게
되리라 하였도다
11 내가 또 말하기를 내가 다시는 여호
와를 뵈옵지 못하리니 산 자의 땅에
서 다시는 여호와를 뵈옵지 못하겠고
내가 세상의 거민 중에서 한 사람도
다시는 보지 못하리라 하였도다
12 나의 거처는 목자의 장막을 걷음 같
이 나를 떠나 옮겨졌고 직공이 베를
걷어 말음 같이 내가 내 생명을 말았
도다 주께서 나를 틀에서 끊으시리니
조석간에 나를 끝내시리라
13 내가 아침까지 견디었사오나 주께서
사자 같이 나의 모든 뼈를 꺾으시오
니 조석간에 나를 끝내시리라
14 나는 제비 같이, 학 같이 지저귀며 비
둘기 같이 슬피 울며 내 눈이 쇠하도
록 앙망하나이다 여호와여 내가 압제
를 받사오니 나의 중보가 되옵소서
15 주께서 내게 말씀하시고 또 친히 이

9】

10】

11】

12】

13】

14】

15】

루셨사오니 내가 무슨 말씀을 하오리
이까 내 영혼의 고통으로 말미암아
내가 종신토록 방황하리이다
16 주여 사람이 사는 것이 이에 있고 내
심령의 생명도 온전히 거기에 있사오
니 원하건대 나를 치료하시며 나를
살려 주옵소서
17 보옵소서 내게 큰 고통을 더하신 것
은 내게 평안을 주려 하심이라 주께
서 내 영혼을 사랑하사 멸망의 구덩
이에서 건지셨고 내 모든 죄를 주의
등 뒤에 던지셨나이다
18 스올이 주께 감사하지 못하며 사망이
주를 찬양하지 못하며 구덩이에 들어
간 자가 주의 신실을 바라지 못하되
19 오직 산 자 곧 산 자는 오늘 내가 하는 것
과 같이 주께 감사하며 주의 신실을 아
버지가 그의 자녀에게 알게 하리이다
20 여호와께서 나를 구원하시리니 우리
가 종신토록 여호와의 전에서 수금으
로 나의 노래를 노래하리로다
21 ○ 이사야가 이르기를 한 뭉치 무화
과를 가져다가 종처에 붙이면 왕이
나으리라 하였고
22 히스기야도 말하기를 내가 여호와의
전에 올라갈 징조가 무엇이냐 하였
더라

16】

17】

18】

19】

20】

21】

22】

바벨론에서 온 사자들(왕하 20:12-19)

39
1 그 때에 발라단의 아들 바벨론 왕
므로닥발라단이 히스기야가 병 들
었다가 나았다 함을 듣고 히스기야에
게 글과 예물을 보낸지라
2 히스기야가 사자들로 말미암아 기뻐
하여 그들에게 보물 창고 곧 은금과
향료와 보배로운 기름과 모든 무기고
에 있는 것을 다 보여 주었으니 히스
기야가 궁중의 소유와 전 국내의 소
유를 보이지 아니한 것이 없는지라
3 이에 선지자 이사야가 히스기야 왕에
게 나아와 묻되 그 사람들이 무슨 말
을 하였으며 어디서 왕에게 왔나이까
하니 히스기야가 이르되 그들이 원
방 곧 바벨론에서 내게 왔나이다 하
니라
4 이사야가 이르되 그들이 왕의 궁전에
서 무엇을 보았나이까 하니 히스기야
가 대답하되 그들이 내 궁전에 있는
것을 다 보았나이다 내 창고에 있는
것으로 보이지 아니한 보물이 하나도
없나이다 하니라
5 이사야가 히스기야에게 이르되 왕은
만군의 여호와의 말씀을 들으소서
6 보라 날이 이르리니 네 집에 있는 모
든 소유와 네 조상들이 오늘까지 쌓

1】

2】

3】

4】

5】

6】

아 둔 것이 모두 바벨론으로 옮긴 바
되고 남을 것이 없으리라 여호와의
말이니라
7 또 네게서 태어날 자손 중에서 몇이
사로잡혀 바벨론 왕궁의 환관이 되리
라 하셨나이다 하니
8 히스기야가 이사야에게 이르되 당신
이 이른 바 여호와의 말씀이 좋소이
다 하고 또 이르되 내 생전에는 평안
과 견고함이 있으리로다 하니라

7】

8】

희망의 말씀

40

1 너희의 하나님이 이르시되 너희는
위로하라 내 백성을 위로하라
2 너희는 예루살렘의 마음에 닿도록 말
하며 그것에게 외치라 그 노역의 때가
끝났고 그 죄악이 사함을 받았느니라
그의 모든 죄로 말미암아 여호와의 손
에서 벌을 배나 받았느니라 할지니라
하시니라
3 ○ 외치는 자의 소리여 이르되 너희
는 광야에서 여호와의 길을 예비하라
사막에서 우리 하나님의 대로를 평탄
하게 하라
4 골짜기마다 돋우어지며 산마다, 언덕
마다 낮아지며 고르지 아니한 곳이
평탄하게 되며 험한 곳이 평지가 될

1】

2】

3】

4】

것이요
5 여호와의 영광이 나타나고 모든 육체
가 그것을 함께 보리라 이는 여호와
의 입이 말씀하셨느니라
6 ○ 말하는 자의 소리여 이르되 외치라
대답하되 내가 무엇이라 외치리이까
하니 이르되 모든 육체는 풀이요 그의
모든 아름다움은 들의 꽃과 같으니
7 풀은 마르고 꽃이 시듦은 여호와의
기운이 그 위에 붊이라 이 백성은 실
로 풀이로다
8 풀은 마르고 꽃은 시드나 우리 하나
님의 말씀은 영원히 서리라 하라
9 ○ 아름다운 소식을 시온에 전하는 자
여 너는 높은 산에 오르라 아름다운
소식을 예루살렘에 전하는 자여 너는
힘써 소리를 높이라 두려워하지 말고
소리를 높여 유다의 성읍들에게 이르
기를 너희의 하나님을 보라 하라
10 보라 주 여호와께서 장차 강한 자로
임하실 것이요 친히 그의 팔로 다스
리실 것이라 보라 상급이 그에게 있
고 보응이 그의 앞에 있으며
11 그는 목자 같이 양 떼를 먹이시며 어
린 양을 그 팔로 모아 품에 안으시며
젖먹이는 암컷들을 온순히 인도하시
리로다

5】

6】

7】

8】

9】

10】

11】

비교할 수 없는 하나님

12 ○ 누가 손바닥으로 바닷물을 헤아렸
으며 뼘으로 하늘을 쟀으며 땅의 티
끌을 되에 담아 보았으며 접시 저울
로 산들을, 막대 저울로 언덕들을 달
아 보았으랴
13 누가 여호와의 영을 지도하였으며 그
의 모사가 되어 그를 가르쳤으랴
14 그가 누구와 더불어 의논하셨으며 누
가 그를 교훈하였으며 그에게 정의의
길로 가르쳤으며 지식을 가르쳤으며
통달의 도를 보여 주었느냐
15 보라 그에게는 열방이 통의 한 방울
물과 같고 저울의 작은 티끌 같으며
섬들은 떠오르는 먼지 같으리니
16 레바논은 땔감에도 부족하겠고 그 짐
승들은 번제에도 부족할 것이라
17 그의 앞에는 모든 열방이 아무것도
아니라 그는 그들을 없는 것 같이, 빈
것 같이 여기시느니라
18 ○ 그런즉 너희가 하나님을 누구와
같다 하겠으며 무슨 형상을 그에게
비기겠느냐
19 우상은 장인이 부어 만들었고 장색이
금으로 입혔고 또 은 사슬을 만든 것
이니라
20 궁핍한 자는 거제를 드릴 때에 썩지

12】

13】

14】

15】

16】

17】

18】

19】

20】

아니하는 나무를 택하고 지혜로운 장
인을 구하여 우상을 만들어 흔들리지
아니하도록 세우느니라
21 너희가 알지 못하였느냐 너희가 듣지
못하였느냐 태초부터 너희에게 전하
지 아니하였느냐 땅의 기초가 창조될
때부터 너희가 깨닫지 못하였느냐
22 그는 땅 위 궁창에 앉으시나니 땅에
사는 사람들은 메뚜기 같으니라 그가
하늘을 차일 같이 펴셨으며 거주할
천막 같이 치셨고
23 귀인들을 폐하시며 세상의 사사들을
헛되게 하시나니
24 그들은 겨우 심기고 겨우 뿌려졌으며
그 줄기가 겨우 땅에 뿌리를 박자 곧
하나님이 입김을 부시니 그들은 말라
회오리바람에 불려 가는 초개 같도다
25 거룩하신 이가 이르시되 그런즉 너희
가 나를 누구에게 비교하여 나를 그
와 동등하게 하겠느냐 하시니라
26 너희는 눈을 높이 들어 누가 이 모든
것을 창조하였나 보라 주께서는 수효
대로 만상을 이끌어 내시고 그들의 모
든 이름을 부르시나니 그의 권세가 크
고 그의 능력이 강하므로 하나도 빠짐
이 없느니라
27 ○ 야곱아 어찌하여 네가 말하며 이

21】

22】

23】

24】

25】

26】

27】

스라엘아 네가 이르기를 내 길은 여
호와께 숨겨졌으며 내 송사는 내 하
나님에게서 벗어난다 하느냐
28 너는 알지 못하였느냐 듣지 못하였느
냐 영원하신 하나님 여호와, 땅 끝까
지 창조하신 이는 피곤하지 않으시며
곤비하지 않으시며 명철이 한이 없으
시며
29 피곤한 자에게는 능력을 주시며 무능
한 자에게는 힘을 더하시나니
30 소년이라도 피곤하며 곤비하며 장정
이라도 넘어지며 쓰러지되
31 오직 여호와를 앙망하는 자는 새 힘을
얻으리니 독수리가 날개치며 올라감
같을 것이요 달음박질하여도 곤비하
지 아니하겠고 걸어가도 피곤하지 아
니하리로다

28】

29】

30】

31】

나 여호와가 응답하리라

41 1 섬들아 내 앞에 잠잠하라 민족들
아 힘을 새롭게 하라 가까이 나아
오라 그리고 말하라 우리가 서로 재
판 자리에 가까이 나아가자
2 누가 동방에서 사람을 일깨워서 공의
로 그를 불러 자기 발 앞에 이르게 하
였느냐 열국을 그의 앞에 넘겨 주며
그가 왕들을 다스리게 하되 그들이

1】

2】

그의 칼에 티끌 같게, 그의 활에 불리
는 초개 같게 하매
3 그가 그들을 쫓아가서 그의 발로 가
보지 못한 길을 안전히 지났나니
4 이 일을 누가 행하였느냐 누가 이루
었느냐 누가 처음부터 만대를 불러
내었느냐 나 여호와라 처음에도 나
요 나중 있을 자에게도 내가 곧 그
니라
5 섬들이 보고 두려워하며 땅 끝이 무
서워 떨며 함께 모여 와서
6 각기 이웃을 도우며 그 형제에게 이
르기를 너는 힘을 내라 하고
7 목공은 금장색을 격려하며 망치로 고
르게 하는 자는 메질꾼을 격려하며
이르되 땜질이 잘 된다 하니 그가 못
을 단단히 박아 우상을 흔들리지 아
니하게 하는도다
8 ○ 그러나 나의 종 너 이스라엘아 내
가 택한 야곱아 나의 벗 아브라함의
자손아
9 내가 땅 끝에서부터 너를 붙들며 땅
모퉁이에서부터 너를 부르고 네게 이
르기를 너는 나의 종이라 내가 너를
택하고 싫어하여 버리지 아니하였다
하였노라
10 두려워하지 말라 내가 너와 함께 함

3】
4】
5】
6】
7】
8】
9】
10】

이라 놀라지 말라 나는 네 하나님이
됨이라 내가 너를 굳세게 하리라 참
으로 너를 도와 주리라 참으로 나의
의로운 오른손으로 너를 붙들리라
11 보라 네게 노하던 자들이 수치와 욕
을 당할 것이요 너와 다투는 자들이
아무것도 아닌 것 같이 될 것이며 멸
망할 것이라
12 네가 찾아도 너와 싸우던 자들을 만
나지 못할 것이요 너를 치는 자들은
아무것도 아닌 것 같고 허무한 것 같
이 되리니
13 이는 나 여호와 너의 하나님이 네 오
른손을 붙들고 네게 이르기를 두려워
하지 말라 내가 너를 도우리라 할 것
임이니라
14 버러지 같은 너 야곱아, 너희 이스라
엘 사람들아 두려워하지 말라 나 여
호와가 말하노니 내가 너를 도울 것
이라 네 구속자는 이스라엘의 거룩한
이이니라
15 보라 내가 너를 이가 날카로운 새 타
작기로 삼으리니 네가 산들을 쳐서
부스러기를 만들 것이며 작은 산들을
겨 같이 만들 것이라
16 네가 그들을 까부른즉 바람이 그들을
날리겠고 회오리바람이 그들을 흩어

11】

12】

13】

14】

15】

16】

버릴 것이로되 너는 여호와로 말미암
아 즐거워하겠고 이스라엘의 거룩한
이로 말미암아 자랑하리라
17 ○ 가련하고 가난한 자가 물을 구하
되 물이 없어서 갈증으로 그들의 혀
가 마를 때에 나 여호와가 그들에게
응답하겠고 나 이스라엘의 하나님이
그들을 버리지 아니할 것이라
18 내가 헐벗은 산에 강을 내며 골짜기
가운데에 샘이 나게 하며 광야가 못
이 되게 하며 마른 땅이 샘 근원이 되
게 할 것이며
19 내가 광야에는 백향목과 싯딤 나무와
화석류와 들감람나무를 심고 사막에
는 잣나무와 소나무와 황양목을 함께
두리니
20 무리가 보고 여호와의 손이 지으신
바요 이스라엘의 거룩한 이가 이것을
창조하신 바인 줄 알며 함께 헤아리
며 깨달으리라

여호와께서 거짓 신들에게 말씀하시다

21 ○ 나 여호와가 말하노니 너희 우상
들은 소송하라 야곱의 왕이 말하노니
너희는 확실한 증거를 보이라
22 장차 당할 일을 우리에게 진술하라
또 이전 일이 어떠한 것도 알게 하라
우리가 마음에 두고 그 결말을 알아

17】

18】

19】

20】

21】

22】

보리라 혹 앞으로 올 일을 듣게 하며
23 뒤에 올 일을 알게 하라 그리하면 너
희가 신들인 줄 우리가 알리라 또 복
을 내리든지 재난을 내리든지 하라
우리가 함께 보고 놀라리라
24 보라 너희는 아무것도 아니며 너희
일은 허망하며 너희를 택한 자는 가
증하니라
25 ○ 내가 한 사람을 일으켜 북방에서
오게 하며 내 이름을 부르는 자를 해
돋는 곳에서 오게 하였나니 그가 이
르러 고관들을 석회 같이, 토기장이
가 진흙을 밟음 같이 하리니
26 누가 처음부터 이 일을 알게 하여 우
리가 알았느냐 누가 이전부터 알게
하여 우리가 옳다고 말하게 하였느냐
알게 하는 자도 없고 들려 주는 자도
없고 너희 말을 듣는 자도 없도다
27 내가 비로소 시온에게 너희는 이제
그들을 보라 하였노라 내가 기쁜 소
식을 전할 자를 예루살렘에 주리라
28 내가 본즉 한 사람도 없으며 내가 물
어도 그들 가운데에 한 말도 대답할
조언자가 없도다
29 보라 그들은 다 헛되며 그들의 행사
는 허무하며 그들이 부어 만든 우상
들은 바람이요 공허한 것뿐이니라

23】

24】

25】

26】

27】

28】

29】

주의 종

42

1 내가 붙드는 나의 종, 내 마음에
기뻐하는 자 곧 내가 택한 사람을
보라 내가 나의 영을 그에게 주었은
즉 그가 이방에 정의를 베풀리라
2 그는 외치지 아니하며 목소리를 높이
지 아니하며 그 소리를 거리에 들리
게 하지 아니하며
3 상한 갈대를 꺾지 아니하며 꺼져가는
등불을 끄지 아니하고 진실로 정의를
시행할 것이며
4 그는 쇠하지 아니하며 낙담하지 아니
하고 세상에 정의를 세우기에 이르리
니 섬들이 그 교훈을 앙망하리라
5 ○ 하늘을 창조하여 펴시고 땅과 그
소산을 내시며 땅 위의 백성에게 호
흡을 주시며 땅에 행하는 자에게 영
을 주시는 하나님 여호와께서 이같이
말씀하시되
6 나 여호와가 의로 너를 불렀은즉 내
가 네 손을 잡아 너를 보호하며 너를
세워 백성의 언약과 이방의 빛이 되
게 하리니
7 네가 눈먼 자들의 눈을 밝히며 갇힌
자를 감옥에서 이끌어 내며 흑암에
앉은 자를 감방에서 나오게 하리라
8 나는 여호와이니 이는 내 이름이라

1】

2】

3】

4】

5】

6】

7】

8】

나는 내 영광을 다른 자에게, 내 찬송
을 우상에게 주지 아니하리라
9 보라 전에 예언한 일이 이미 이루어
졌느니라 이제 내가 새 일을 알리노
라 그 일이 시작되기 전에라도 너희
에게 이르노라

새 노래로 찬송하라

10 ○ 항해하는 자들과 바다 가운데의
만물과 섬들과 거기에 사는 사람들아
여호와께 새 노래로 노래하며 땅 끝
에서부터 찬송하라
11 광야와 거기에 있는 성읍들과 게달
사람이 사는 마을들은 소리를 높이라
셀라의 주민들은 노래하며 산 꼭대기
에서 즐거이 부르라
12 여호와께 영광을 돌리며 섬들 중에서
그의 찬송을 전할지어다
13 여호와께서 용사 같이 나가시며 전사
같이 분발하여 외쳐 크게 부르시며
그 대적을 크게 치시리로다

구원의 약속

14 ○ 내가 오랫동안 조용하며 잠잠하
고 참았으나 내가 해산하는 여인 같
이 부르짖으리니 숨이 차서 심히 헐
떡일 것이라
15 내가 산들과 언덕들을 황폐하게 하며
그 모든 초목들을 마르게 하며 강들

9】

10】

11】

12】

13】

14】

15】

이 섬이 되게 하며 못들을 마르게 할
것이며
16 내가 맹인들을 그들이 알지 못하는 길
로 이끌며 그들이 알지 못하는 지름길
로 인도하며 암흑이 그 앞에서 광명
이 되게 하며 굽은 데를 곧게 할 것이
라 내가 이 일을 행하여 그들을 버리
지 아니하리니
17 조각한 우상을 의지하며 부어 만든
우상을 향하여 너희는 우리의 신이라
하는 자는 물리침을 받아 크게 수치
를 당하리라

백성들이 깨닫지 못하다

18 ○ 너희 못 듣는 자들아 들으라 너희
맹인들아 밝히 보라
19 맹인이 누구냐 내 종이 아니냐 누가
내가 보내는 내 사자 같이 못 듣는 자
겠느냐 누가 내게 충성된 자 같이 맹
인이겠느냐 누가 여호와의 종 같이
맹인이겠느냐
20 네가 많은 것을 볼지라도 유의하지
아니하며 귀가 열려 있을지라도 듣지
아니하는도다
21 여호와께서 그의 의로 말미암아 기쁨
으로 교훈을 크게 하며 존귀하게 하
려 하셨으나
22 이 백성이 도둑 맞으며 탈취를 당하며

16】

17】

18】

19】

20】

21】

22】

다 굴 속에 잡히며 옥에 갇히도다 노략
을 당하되 구할 자가 없고 탈취를 당하
되 되돌려 주라 말할 자가 없도다
23 ○ 너희 중에 누가 이 일에 귀를 기울
이겠느냐 누가 뒤에 올 일을 삼가 듣
겠느냐
24 야곱이 탈취를 당하게 하신 자가 누구
냐 이스라엘을 약탈자들에게 넘기신
자가 누구냐 여호와가 아니시냐 우리
가 그에게 범죄하였도다 그들이 그의
길로 다니기를 원하지 아니하며 그의
교훈을 순종하지 아니하였도다
25 그러므로 여호와께서 맹렬한 진노와
전쟁의 위력을 이스라엘에게 쏟아 부
으시매 그 사방에서 불타오르나 깨닫
지 못하며 몸이 타나 마음에 두지 아
니하는도다

23】

24】

25】

구원의 약속

43
1 야곱아 너를 창조하신 여호와께서
지금 말씀하시느니라 이스라엘아
너를 지으신 이가 말씀하시느니라 너
는 두려워하지 말라 내가 너를 구속
하였고 내가 너를 지명하여 불렀나니
너는 내 것이라
2 네가 물 가운데로 지날 때에 내가 너와
함께 할 것이라 강을 건널 때에 물이

1】

2】

너를 침몰하지 못할 것이며 네가 불 가
운데로 지날 때에 타지도 아니할 것이
요 불꽃이 너를 사르지도 못하리니
3 대저 나는 여호와 네 하나님이요 이
스라엘의 거룩한 이요 네 구원자임이
라 내가 애굽을 너의 속량물로, 구스
와 스바를 너를 대신하여 주었노라
4 네가 내 눈에 보배롭고 존귀하며 내
가 너를 사랑하였은즉 내가 네 대신
사람들을 내어 주며 백성들이 네 생
명을 대신하리니
5 두려워하지 말라 내가 너와 함께 하
여 네 자손을 동쪽에서부터 오게 하
며 서쪽에서부터 너를 모을 것이며
6 내가 북쪽에게 이르기를 내놓으라 남
쪽에게 이르기를 가두어 두지 말라
내 아들들을 먼 곳에서 이끌며 내 딸
들을 땅 끝에서 오게 하며
7 내 이름으로 불려지는 모든 자 곧 내
가 내 영광을 위하여 창조한 자를 오
게 하라 그를 내가 지었고 그를 내가
만들었느니라

이스라엘은 여호와의 증인

8 ○ 눈이 있어도 보지 못하고 귀가 있어
도 듣지 못하는 백성을 이끌어 내라
9 열방은 모였으며 민족들이 회집하였
는데 그들 중에 누가 이 일을 알려 주

3】

4】

5】

6】

7】

8】

9】

며 이전 일들을 우리에게 들려 주겠
느냐 그들이 그들의 증인을 세워서
자기들의 옳음을 나타내고 듣는 자들
이 옳다고 말하게 하여 보라
10 나 여호와가 말하노라 너희는 나의
증인, 나의 종으로 택함을 입었나니
이는 너희가 나를 알고 믿으며 내가
그인 줄 깨닫게 하려 함이라 나의 전
에 지음을 받은 신이 없었느니라 나
의 후에도 없으리라
11 나 곧 나는 여호와라 나 외에 구원자
가 없느니라
12 내가 알려 주었으며 구원하였으며 보
였고 너희 중에 다른 신이 없었나니
그러므로 너희는 나의 증인이요 나는
하나님이니라 여호와의 말씀이니라
13 과연 태초로부터 나는 그이니 내 손
에서 건질 자가 없도다 내가 행하리
니 누가 막으리요

바벨론으로부터 빠져 나오다

14 ○ 너희의 구속자요 이스라엘의 거룩
한 이 여호와가 말하노라 너희를 위
하여 내가 바벨론에 사람을 보내어
모든 갈대아 사람에게 자기들이 연
락하던 배를 타고 도망하여 내려가게
하리라
15 나는 여호와 너희의 거룩한 이요 이

10】

11】

12】

13】

14】

15】

스라엘의 창조자요 너희의 왕이니라
16 나 여호와가 이같이 말하노라 바다
가운데에 길을, 큰 물 가운데에 지름
길을 내고
17 병거와 말과 군대의 용사를 이끌어
내어 그들이 일시에 엎드러져 일어나
지 못하고 소멸하기를 꺼져가는 등불
같게 하였느니라
18 너희는 이전 일을 기억하지 말며 옛
날 일을 생각하지 말라
19 보라 내가 새 일을 행하리니 이제 나
타낼 것이라 너희가 그것을 알지 못
하겠느냐 반드시 내가 광야에 길을
사막에 강을 내리니
20 장차 들짐승 곧 승냥이와 타조도 나
를 존경할 것은 내가 광야에 물을, 사
막에 강들을 내어 내 백성, 내가 택한
자에게 마시게 할 것임이라
21 이 백성은 내가 나를 위하여 지었나
니 나를 찬송하게 하려 함이니라

이스라엘의 죄

22 ○ 그러나 야곱아 너는 나를 부르지
아니하였고 이스라엘아 너는 나를 괴
롭게 여겼으며
23 네 번제의 양을 내게로 가져오지 아
니하였고 네 제물로 나를 공경하지
아니하였느니라 나는 제물로 말미암

16】

17】

18】

19】

20】

21】

22】

23】

아 너를 수고롭게 하지 아니하였고
유향으로 말미암아 너를 괴롭게 하지
아니하였거늘
24 너는 나를 위하여 돈으로 향품을 사
지 아니하며 희생의 기름으로 나를
흡족하게 하지 아니하고 네 죄짐으로
나를 수고롭게 하며 네 죄악으로 나
를 괴롭게 하였느니라
25 ○ 나 곧 나는 나를 위하여 네 허물을
도말하는 자니 네 죄를 기억하지 아
니하리라
26 너는 나에게 기억이 나게 하라 우리
가 함께 변론하자 너는 말하여 네가
의로움을 나타내라
27 네 시조가 범죄하였고 너의 교사들이
나를 배반하였나니
28 그러므로 내가 성소의 어른들을 욕
되게 하며 야곱이 진멸 당하도록 내
어 주며 이스라엘이 비방 거리가 되
게 하리라

24】

25】

26】

27】

28】

나 외에 다른 신이 없다

44

1 나의 종 야곱, 내가 택한 이스라엘
아 이제 들으라
2 너를 만들고 너를 모태에서부터 지어
낸 너를 도와 줄 여호와가 이같이 말
하노라 나의 종 야곱, 내가 택한 여수

1】

2】

룬아 두려워하지 말라
3 나는 목마른 자에게 물을 주며 마른
땅에 시내가 흐르게 하며 나의 영을
네 자손에게, 나의 복을 네 후손에게
부어 주리니
4 그들이 풀 가운데에서 솟아나기를 시
냇가의 버들 같이 할 것이라
5 한 사람은 이르기를 나는 여호와께 속
하였다 할 것이며 또 한 사람은 야곱
의 이름으로 자기를 부를 것이며 또
다른 사람은 자기가 여호와께 속하였
음을 그의 손으로 기록하고 이스라엘
의 이름으로 존귀히 여김을 받으리라
6 ○ 이스라엘의 왕인 여호와, 이스라엘
의 구원자인 만군의 여호와가 이같이
말하노라 나는 처음이요 나는 마지막
이라 나 외에 다른 신이 없느니라
7 내가 영원한 백성을 세운 이후로 나
처럼 외치며 알리며 나에게 설명할
자가 누구냐 있거든 될 일과 장차 올
일을 그들에게 알릴지어다
8 너희는 두려워하지 말며 겁내지 말
라 내가 예로부터 너희에게 듣게 하
지 아니하였느냐 알리지 아니하였느
냐 너희는 나의 증인이라 나 외에 신
이 있겠느냐 과연 반석은 없나니 다
른 신이 있음을 내가 알지 못하노라

3】

4】

5】

6】

7】

8】

우상은 무익한 것

9 ○ 우상을 만드는 자는 다 허망하도
다 그들이 원하는 것들은 무익한 것
이거늘 그것들의 증인들은 보지도 못
하며 알지도 못하니 그러므로 수치를
당하리라
10 신상을 만들며 무익한 우상을 부어
만든 자가 누구냐
11 보라 그와 같은 무리들이 다 수치를
당할 것이라 그 대장장이들은 사람일
뿐이라 그들이 다 모여 서서 두려워
하며 함께 수치를 당할 것이니라
12 ○ 철공은 철로 연장을 만들고 숯불
로 일하며 망치를 가지고 그것을 만
들며 그의 힘센 팔로 그 일을 하나 배
가 고프면 기운이 없고 물을 마시지
아니하면 피로하니라
13 목공은 줄을 늘여 재고 붓으로 긋고
대패로 밀고 곡선자로 그어 사람의
아름다움을 따라 사람의 모양을 만들
어 집에 두게 하며
14 그는 자기를 위하여 백향목을 베며
디르사 나무와 상수리나무를 취하며
숲의 나무들 가운데에서 자기를 위하
여 한 나무를 정하며 나무를 심고 비
를 맞고 자라게도 하느니라
15 이 나무는 사람이 땔감을 삼는 것이거

9】
10】
11】
12】
13】
14】
15】

늘 그가 그것을 가지고 자기 몸을 덥
게도 하고 불을 피워 떡을 굽기도 하
고 신상을 만들어 경배하며 우상을 만
들고 그 앞에 엎드리기도 하는구나
16 그 중의 절반은 불에 사르고 그 절반
으로는 고기를 구워 먹고 배불리며
또 몸을 덥게 하여 이르기를 아하 따
뜻하다 내가 불을 보았구나 하면서
17 그 나머지로 신상 곧 자기의 우상을
만들고 그 앞에 엎드려 경배하며 그
것에게 기도하여 이르기를 너는 나의
신이니 나를 구원하라 하는도다
18 ○ 그들이 알지도 못하고 깨닫지도
못함은 그들의 눈이 가려서 보지 못
하며 그들의 마음이 어두워져서 깨닫
지 못함이니라
19 마음에 생각도 없고 지식도 없고 총
명도 없으므로 내가 그것의 절반을 불
사르고 또한 그 숯불 위에서 떡도 굽
고 고기도 구워 먹었거늘 내가 어찌
그 나머지로 가증한 물건을 만들겠으
며 내가 어찌 그 나무 토막 앞에 굴복
하리요 말하지 아니하니
20 그는 재를 먹고 허탄한 마음에 미혹
되어 자기의 영혼을 구원하지 못하며
나의 오른손에 거짓 것이 있지 아니
하냐 하지도 못하느니라

16】

17】

18】

19】

20】

창조자요 구속자이신 여호와

21 ○ 야곱아 이스라엘아 이 일을 기억
하라 너는 내 종이니라 내가 너를 지
었으니 너는 내 종이니라 이스라엘아
너는 나에게 잊혀지지 아니하리라
22 내가 네 허물을 빽빽한 구름 같이, 네
죄를 안개 같이 없이하였으니 너는
내게로 돌아오라 내가 너를 구속하였
음이니라
23 여호와께서 이 일을 행하셨으니 하
늘아 노래할지어다 땅의 깊은 곳들아
높이 부를지어다 산들아 숲과 그 가
운데의 모든 나무들아 소리내어 노래
할지어다 여호와께서 야곱을 구속하
셨으니 이스라엘 중에 자기의 영광을
나타내실 것임이로다
24 ○ 네 구속자요 모태에서 너를 지은
나 여호와가 이같이 말하노라 나는 만
물을 지은 여호와라 홀로 하늘을 폈으
며 나와 함께 한 자 없이 땅을 펼쳤고
25 헛된 말을 하는 자들의 징표를 폐하
며 점 치는 자들을 미치게 하며 지혜
로운 자들을 물리쳐 그들의 지식을
어리석게 하며
26 그의 종의 말을 세워 주며 그의 사자
들의 계획을 성취하게 하며 예루살렘
에 대하여는 이르기를 거기에 사람이

21】

22】

23】

24】

25】

26】

살리라 하며 유다 성읍들에 대하여는
중건될 것이라 내가 그 황폐한 곳들
을 복구시키리라 하며
27 깊음에 대하여는 이르기를 마르라 내
가 네 강물들을 마르게 하리라 하며
28 고레스에 대하여는 이르기를 내 목자
라 그가 나의 모든 기쁨을 성취하리
라 하며 예루살렘에 대하여는 이르기
를 중건되리라 하며 성전에 대하여는
네 기초가 놓여지리라 하는 자니라

27】

28】

여호와께서 고레스를 세우시다

45 1 여호와께서 그의 기름 부음을 받
은 고레스에게 이같이 말씀하시되
내가 그의 오른손을 붙들고 그 앞에
열국을 항복하게 하며 내가 왕들의
허리를 풀어 그 앞에 문들을 열고 성
문들이 닫히지 못하게 하리라
2 내가 너보다 앞서 가서 험한 곳을 평
탄하게 하며 놋문을 쳐서 부수며 쇠
빗장을 꺾고
3 네게 흑암 중의 보화와 은밀한 곳에
숨은 재물을 주어 네 이름을 부르는
자가 나 여호와 이스라엘의 하나님인
줄을 네가 알게 하리라
4 내가 나의 종 야곱, 내가 택한 자 이스
라엘 곧 너를 위하여 네 이름을 불러

1】

2】

3】

4】

너는 나를 알지 못하였을지라도 네게
칭호를 주었노라
5 나는 여호와라 나 외에 다른 이가 없
나니 나 밖에 신이 없느니라 너는 나
를 알지 못하였을지라도 나는 네 띠
를 동일 것이요
6 해 뜨는 곳에서든지 지는 곳에서든지
나 밖에 다른 이가 없는 줄을 알게 하리
라 나는 여호와라 다른 이가 없느니라
7 나는 빛도 짓고 어둠도 창조하며 나
는 평안도 짓고 환난도 창조하나니
나는 여호와라 이 모든 일들을 행하
는 자니라 하였노라
8 ○ 하늘이여 위로부터 공의를 뿌리며
구름이여 의를 부을지어다 땅이여 열
려서 구원을 싹트게 하고 공의도 함
께 움돋게 할지어다 나 여호와가 이
일을 창조하였느니라

창조의 주, 역사의 주

9 ○ 질그릇 조각 중 한 조각 같은 자가
자기를 지으신 이와 더불어 다툴진대
화 있을진저 진흙이 토기장이에게 너
는 무엇을 만드느냐 또는 네가 만든 것
이 그는 손이 없다 말할 수 있겠느냐
10 아버지에게는 무엇을 낳았소 하고 묻
고 어머니에게는 무엇을 낳으려고 해
산의 수고를 하였소 하고 묻는 자는

5】

6】

7】

8】

9】

10】

화 있을진저
11 ○ 이스라엘의 거룩하신 이 곧 이스
라엘을 지으신 여호와께서 이같이 이
르시되 너희가 장래 일을 내게 물으
며 또 내 아들들과 내 손으로 한 일에
관하여 내게 명령하려느냐
12 내가 땅을 만들고 그 위에 사람을 창
조하였으며 내가 내 손으로 하늘을
펴고 하늘의 모든 군대에게 명령하였
노라
13 내가 공의로 그를 일으킨지라 그의 모
든 길을 곧게 하리니 그가 나의 성읍
을 건축할 것이며 사로잡힌 내 백성
을 값이나 갚음이 없이 놓으리라 만
군의 여호와의 말이니라 하셨느니라
14 ○ 여호와께서 이같이 말씀하시되 애
굽의 소득과 구스가 무역한 것과 스
바의 장대한 남자들이 네게로 건너와
서 네게 속할 것이요 그들이 너를 따
를 것이라 사슬에 매여 건너와서 네
게 굴복하고 간구하기를 하나님이 과
연 네게 계시고 그 외에는 다른 하나
님이 없다 하리라 하시니라
15 구원자 이스라엘의 하나님이여 진실
로 주는 스스로 숨어 계시는 하나님
이시니이다
16 우상을 만드는 자는 부끄러움을 당하

11】

12】

13】

14】

15】

16】

며 욕을 받아 다 함께 수욕 중에 들어
갈 것이로되
17 이스라엘은 여호와께 구원을 받아 영
원한 구원을 얻으리니 너희가 영원히
부끄러움을 당하거나 욕을 받지 아니
하리로다
18 ○ 대저 여호와께서 이같이 말씀하시
되 하늘을 창조하신 이 그는 하나님이
시니 그가 땅을 지으시고 그것을 만드
셨으며 그것을 견고하게 하시되 혼돈
하게 창조하지 아니하시고 사람이 거
주하게 그것을 지으셨으니 나는 여호
와라 나 외에 다른 이가 없느니라
19 나는 감추어진 곳과 캄캄한 땅에서 말
하지 아니하였으며 야곱 자손에게 너
희가 나를 혼돈 중에서 찾으라고 이
르지 아니하였노라 나 여호와는 의를
말하고 정직한 것을 알리느니라

구원을 베푸시는 분은 하나님

20 ○ 열방 중에서 피난한 자들아 너희
는 모여 오라 함께 가까이 나아오라
나무 우상을 가지고 다니며 구원하지
못하는 신에게 기도하는 자들은 무지
한 자들이니라
21 너희는 알리며 진술하고 또 함께 의
논하여 보라 이 일을 옛부터 듣게 한
자가 누구냐 이전부터 그것을 알게

17】

18】

19】

20】

21】

한 자가 누구냐 나 여호와가 아니냐
나 외에 다른 신이 없나니 나는 공의
를 행하며 구원을 베푸는 하나님이라
나 외에 다른 이가 없느니라
22 땅의 모든 끝이여 내게로 돌이켜 구
원을 받으라 나는 하나님이라 다른
이가 없느니라
23 내가 나를 두고 맹세하기를 내 입에
서 공의로운 말이 나갔은즉 돌아오지
아니하나니 내게 모든 무릎이 꿇겠고
모든 혀가 맹세하리라 하였노라
24 내게 대한 어떤 자의 말에 공의와 힘
은 여호와께만 있나니 사람들이 그에
게로 나아갈 것이라 무릇 그에게 노하
는 자는 부끄러움을 당하리라 그러나
25 이스라엘 자손은 다 여호와로 말미암
아 의롭다 함을 얻고 자랑하리라 하
느니라

22】

23】

24】

25】

46

1 벨은 엎드러졌고 느보는 구부러
졌도다 그들의 우상들은 짐승과
가축에게 실렸으니 너희가 떠메고 다
니던 그것들이 피곤한 짐승의 무거운
짐이 되었도다
2 그들은 구부러졌고 그들은 일제히 엎
드러졌으므로 그 짐을 구하여 내지
못하고 자기들도 잡혀 갔느니라

1】

2】

3 ○ 야곱의 집이여 이스라엘 집에 남
은 모든 자여 내게 들을지어다 배에
서 태어남으로부터 내게 안겼고 태에
서 남으로부터 내게 업힌 너희여
4 너희가 노년에 이르기까지 내가 그리
하겠고 백발이 되기까지 내가 너희를
품을 것이라 내가 지었은즉 내가 업
을 것이요 내가 품고 구하여 내리라
5 너희가 나를 누구에게 비기며 누구
와 짝하며 누구와 비교하여 서로 같
다 하겠느냐
6 사람들이 주머니에서 금을 쏟아 내며
은을 저울에 달아 도금장이에게 주고
그것으로 신을 만들게 하고 그것에게
엎드려 경배하며
7 그것을 들어 어깨에 메어다가 그의
처소에 두면 그것이 서 있고 거기에
서 능히 움직이지 못하며 그에게 부
르짖어도 능히 응답하지 못하며 고난
에서 구하여 내지도 못하느니라
8 ○ 너희 패역한 자들아 이 일을 기
억하고 장부가 되라 이 일을 마음에
두라
9 너희는 옛적 일을 기억하라 나는 하
나님이라 나 외에 다른 이가 없느니
라 나는 하나님이라 나 같은 이가 없
느니라

3】

4】

5】

6】

7】

8】

9】

10 내가 시초부터 종말을 알리며 아직
이루지 아니한 일을 옛적부터 보이
고 이르기를 나의 뜻이 설 것이니 내
가 나의 모든 기뻐하는 것을 이루리
라 하였노라
11 내가 동쪽에서 사나운 날짐승을 부르
며 먼 나라에서 나의 뜻을 이룰 사람
을 부를 것이라 내가 말하였은즉 반
드시 이룰 것이요 계획하였은즉 반드
시 시행하리라
12 ○ 마음이 완악하여 공의에서 멀리
떠난 너희여 내게 들으라
13 내가 나의 공의를 가깝게 할 것인즉
그것이 멀지 아니하나니 나의 구원
이 지체하지 아니할 것이라 내가 나
의 영광인 이스라엘을 위하여 구원을
시온에 베풀리라

10】

11】

12】

13】

바벨론 심판

47
1 처녀 딸 바벨론이여 내려와서 티
끌에 앉으라 딸 갈대아여 보좌가
없어졌으니 땅에 앉으라 네가 다시
는 곱고 아리땁다 일컬음을 받지 못
할 것임이라
2 맷돌을 가지고 가루를 갈고 너울을
벗으며 치마를 걷어 다리를 드러내고
강을 건너라

1】

2】

3 네 속살이 드러나고 네 부끄러운 것
이 보일 것이라 내가 보복하되 사람
을 아끼지 아니하리라
4 우리의 구원자는 그의 이름이 만군의
여호와 이스라엘의 거룩한 이시니라
5 딸 갈대아여 잠잠히 앉으라 흑암으로
들어가라 네가 다시는 여러 왕국의
여주인이라 일컬음을 받지 못하리라
6 전에 내가 내 백성에게 노하여 내 기
업을 욕되게 하여 그들을 네 손에 넘
겨 주었거늘 네가 그들을 긍휼히 여
기지 아니하고 늙은이에게 네 멍에를
심히 무겁게 메우며
7 말하기를 내가 영영히 여주인이 되리
라 하고 이 일을 네 마음에 두지도 아
니하며 그들의 종말도 생각하지 아니
하였도다
8 ○ 그러므로 사치하고 평안히 지내
며 마음에 이르기를 나뿐이라 나 외
에 다른 이가 없도다 나는 과부로 지
내지도 아니하며 자녀를 잃어버리는
일도 모르리라 하는 자여 너는 이제
들을지어다
9 한 날에 갑자기 자녀를 잃으며 과부
가 되는 이 두 가지 일이 네게 임할
것이라 네가 무수한 주술과 많은 주
문을 빌릴지라도 이 일이 온전히 네

3】

4】

5】

6】

7】

8】

9】

게 임하리라
10 네가 네 악을 의지하고 스스로 이르
기를 나를 보는 자가 없다 하나니 네
지혜와 네 지식이 너를 유혹하였음이
라 네 마음에 이르기를 나뿐이라 나
외에 다른 이가 없다 하였으므로
11 재앙이 네게 임하리라 그러나 네가
그 근원을 알지 못할 것이며 손해가
네게 이르리라 그러나 이를 물리칠
능력이 없을 것이며 파멸이 홀연히
네게 임하리라 그러나 네가 알지 못
할 것이니라
12 ○ 이제 너는 젊어서부터 힘쓰던 주
문과 많은 주술을 가지고 맞서 보라
혹시 유익을 얻을 수 있을는지, 혹시
놀라게 할 수 있을는지,
13 네가 많은 계략으로 말미암아 피곤하
게 되었도다 하늘을 살피는 자와 별
을 보는 자와 초하룻날에 예고하는
자들에게 일어나 네게 임할 그 일에
서 너를 구원하게 하여 보라
14 보라 그들은 초개 같아서 불에 타리
니 그 불꽃의 세력에서 스스로 구원
하지 못할 것이라 이 불은 덥게 할 숯
불이 아니요 그 앞에 앉을 만한 불도
아니니라
15 네가 같이 힘쓰던 자들이 네게 이같

10】

11】

12】

13】

14】

15】

이 되리니 어려서부터 너와 함께 장
사하던 자들이 각기 제 길로 흩어지
고 너를 구원할 자가 없으리라

하나님께서 새 일을 약속하시다

48 1 야곱의 집이여 이를 들을지어다
너희는 이스라엘의 이름으로 일컬
음을 받으며 유다의 허리에서 나왔으
며 여호와의 이름으로 맹세하며 이스
라엘의 하나님을 기념하면서도 진실
이 없고 공의가 없도다
2 그들은 거룩한 성 출신이라고 스스로
부르며 이스라엘의 하나님을 의지한
다 하며 그의 이름이 만군의 여호와
라고 하나
3 내가 예로부터 처음 일들을 알게 하
였고 내 입에서 그것들이 나갔으며
또 내가 그것들을 듣게 하였고 내가
홀연히 행하여 그 일들이 이루어졌느
니라
4 내가 알거니와 너는 완고하며 네 목
은 쇠의 힘줄이요 네 이마는 놋이라
5 그러므로 내가 이 일을 예로부터 네게
알게 하였고 일이 이루어지기 전에 그
것을 네게 듣게 하였느니라 그것을 네
가 듣게 하여 네가 이것을 내 신이 행
한 바요 내가 새긴 신상과 부어 만든

1】

2】

3】

4】

5】

신상이 명령한 바라 말하지 못하게 하
였느니라
6 네가 들었으니 이 모든 것을 보라 너
희가 선전하지 아니하겠느냐 이제부
터 내가 새 일 곧 네가 알지 못하던 은
비한 일을 네게 듣게 하노니
7 이 일들은 지금 창조된 것이요 옛 것이
아니라 오늘 이전에는 네가 듣지 못하
였으니 이는 네가 말하기를 내가 이미
알았노라 하지 못하게 하려 함이라
8 네가 과연 듣지도 못하였고 알지도
못하였으며 네 귀가 옛적부터 열리지
못하였나니 이는 네가 정녕 배신하여
모태에서부터 네가 배역한 자라 불린
줄을 내가 알았음이라
9 내 이름을 위하여 내가 노하기를 더
디 할 것이며 내 영광을 위하여 내가
참고 너를 멸절하지 아니하리라
10 보라 내가 너를 연단하였으나 은처럼
하지 아니하고 너를 고난의 풀무 불
에서 택하였노라
11 나는 나를 위하며 나를 위하여 이를
이룰 것이라 어찌 내 이름을 욕되게
하리요 내 영광을 다른 자에게 주지
아니하리라

처음이요 마지막이신 분

12 ○ 야곱아 내가 부른 이스라엘아 내

6】

7】

8】

9】

10】

11】

12】

게 들으라 나는 그니 나는 처음이요
또 나는 마지막이라
13 과연 내 손이 땅의 기초를 정하였고
내 오른손이 하늘을 폈나니 내가 그
들을 부르면 그것들이 일제히 서느
니라
14 너희는 다 모여 들으라 나 여호와가
사랑하는 자는 나의 기뻐하는 뜻을
바벨론에 행하리니 그의 팔이 갈대아
인에게 임할 것이라 그들 중에 누가
이 일들을 알게 하였느냐
15 나 곧 내가 말하였고 또 내가 그를 부
르며 그를 인도하였나니 그 길이 형
통하리라
16 너희는 내게 가까이 나아와 이것을
들으라 내가 처음부터 비밀히 말하지
아니하였나니 그것이 있을 때부터 내
가 거기에 있었노라 하셨느니라 이제
는 주 여호와께서 나와 그의 영을 보
내셨느니라

백성을 인도하시는 하나님

17 ○ 너희의 구속자시요 이스라엘의 거
룩하신 이이신 여호와께서 이르시되
나는 네게 유익하도록 가르치고 너를
마땅히 행할 길로 인도하는 네 하나
님 여호와라
18 네가 나의 명령에 주의하였더라면 네

13】

14】

15】

16】

17】

18】

평강이 강과 같았겠고 네 공의가 바
다 물결 같았을 것이며
19 네 자손이 모래 같았겠고 네 몸의 소
생이 모래 알 같아서 그의 이름이 내
앞에서 끊어지지 아니하였겠고 없어
지지 아니하였으리라 하셨느니라
20 ○ 너희는 바벨론에서 나와서 갈대아
인을 피하고 즐거운 소리로 이를 알
게 하여 들려 주며 땅 끝까지 반포하
여 이르기를 여호와께서 그의 종 야
곱을 구속하셨다 하라
21 여호와께서 그들을 사막으로 통과하
게 하시던 때에 그들이 목마르지 아
니하게 하시되 그들을 위하여 바위에
서 물이 흘러나게 하시며 바위를 쪼
개사 물이 솟아나게 하셨느니라
22 여호와께서 말씀하시되 악인에게는
평강이 없다 하셨느니라

19】
20】
21】
22】

이방의 빛 이스라엘

49 1 섬들아 내게 들으라 먼 곳 백성들
아 귀를 기울이라 여호와께서 태에
서부터 나를 부르셨고 내 어머니의
복중에서부터 내 이름을 기억하셨
으며
2 내 입을 날카로운 칼 같이 만드시고
나를 그의 손 그늘에 숨기시며 나를

1】
2】

갈고 닦은 화살로 만드사 그의 화살
통에 감추시고
3 내게 이르시되 너는 나의 종이요 내
영광을 네 속에 나타낼 이스라엘이라
하셨느니라
4 그러나 나는 말하기를 내가 헛되이
수고하였으며 무익하게 공연히 내 힘
을 다하였다 하였도다 참으로 나에
대한 판단이 여호와께 있고 나의 보
응이 나의 하나님께 있느니라
5 ○ 이제 여호와께서 말씀하시나니 그
는 태에서부터 나를 그의 종으로 지
으신 이시요 야곱을 그에게로 돌아오
게 하시는 이시니 이스라엘이 그에게
로 모이는도다 그러므로 내가 여호와
보시기에 영화롭게 되었으며 나의 하
나님은 나의 힘이 되셨도다
6 그가 이르시되 네가 나의 종이 되어
야곱의 지파들을 일으키며 이스라엘
중에 보전된 자를 돌아오게 할 것은
매우 쉬운 일이라 내가 또 너를 이방
의 빛으로 삼아 나의 구원을 베풀어
서 땅 끝까지 이르게 하리라
7 이스라엘의 구속자 이스라엘의 거룩
한 이이신 여호와께서 사람에게 멸시
를 당하는 자, 백성에게 미움을 받는
자, 관원들에게 종이 된 자에게 이같

3】

4】

5】

6】

7】

이 이르시되 왕들이 보고 일어서며
고관들이 경배하리니 이는 이스라엘
의 거룩하신 이 신실하신 여호와 그
가 너를 택하였음이니라

예루살렘의 회복

8 ○ 여호와께서 이같이 이르시되 은혜
의 때에 내가 네게 응답하였고 구원
의 날에 내가 너를 도왔도다 내가 장
차 너를 보호하여 너를 백성의 언약
으로 삼으며 나라를 일으켜 그들에게
그 황무하였던 땅을 기업으로 상속하
게 하리라
9 내가 잡혀 있는 자에게 이르기를 나
오라 하며 흑암에 있는 자에게 나타
나라 하리라 그들이 길에서 먹겠고
모든 헐벗은 산에도 그들의 풀밭이
있을 것인즉
10 그들이 주리거나 목마르지 아니할 것
이며 더위와 볕이 그들을 상하지 아
니하리니 이는 그들을 긍휼히 여기는
이가 그들을 이끌되 샘물 근원으로
인도할 것임이라
11 내가 나의 모든 산을 길로 삼고 나의
대로를 돋우리니
12 어떤 사람은 먼 곳에서, 어떤 사람은
북쪽과 서쪽에서, 어떤 사람은 시님
땅에서 오리라

8】

9】

10】

11】

12】

13 하늘이여 노래하라 땅이여 기뻐하라
산들이여 즐거이 노래하라 여호와께
서 그의 백성을 위로하셨은즉 그의
고난 당한 자를 긍휼히 여기실 것임
이라
14 ○ 오직 시온이 이르기를 여호와께서
나를 버리시며 주께서 나를 잊으셨다
하였거니와
15 여인이 어찌 그 젖 먹는 자식을 잊겠
으며 자기 태에서 난 아들을 긍휼히
여기지 않겠느냐 그들은 혹시 잊을지
라도 나는 너를 잊지 아니할 것이라
16 내가 너를 내 손바닥에 새겼고 너의
성벽이 항상 내 앞에 있나니
17 네 자녀들은 빨리 걸으며 너를 헐며
너를 황폐하게 하던 자들은 너를 떠
나가리라
18 네 눈을 들어 사방을 보라 그들이 다
모여 네게로 오느니라 나 여호와가
이르노라 내가 나의 삶으로 맹세하노
니 네가 반드시 그 모든 무리를 장식
처럼 몸에 차며 그것을 띠기를 신부
처럼 할 것이라
19 이는 네 황폐하고 적막한 곳들과 네
파멸을 당하였던 땅이 이제는 주민이
많아 좁게 될 것이며 너를 삼켰던 자
들이 멀리 떠날 것이니라

13】

14】

15】

16】

17】

18】

19】

20 자식을 잃었을 때에 낳은 자녀가 후일
에 네 귀에 말하기를 이곳이 내게 좁으
니 넓혀서 내가 거주하게 하라 하리니
21 그 때에 네가 네 마음에 이르기를 누
가 나를 위하여 이들을 낳았는고 나
는 자녀를 잃고 외로워졌으며 사로
잡혀 유리하였거늘 이들을 누가 양육
하였는고 나는 홀로 남았거늘 이들은
어디서 생겼는고 하리라
22 ○ 주 여호와가 이같이 이르노라 내
가 뭇 나라를 향하여 나의 손을 들고
민족들을 향하여 나의 기치를 세울
것이라 그들이 네 아들들을 품에 안
고 네 딸들을 어깨에 메고 올 것이며
23 왕들은 네 양부가 되며 왕비들은 네
유모가 될 것이며 그들이 얼굴을 땅
에 대고 네게 절하고 네 발의 티끌을
핥을 것이니 네가 나를 여호와인 줄을
알리라 나를 바라는 자는 수치를 당하
지 아니하리라
24 ○ 용사가 빼앗은 것을 어떻게 도로
빼앗으며 승리자에게 사로잡힌 자를
어떻게 건져낼 수 있으랴
25 여호와가 이같이 말하노라 용사의 포
로도 빼앗을 것이요 두려운 자의 빼
앗은 것도 건져낼 것이니 이는 내가
너를 대적하는 자를 대적하고 네 자

20】

21】

22】

23】

24】

25】

녀를 내가 구원할 것임이라
26 내가 너를 억압하는 자들에게 자기의
살을 먹게 하며 새 술에 취함 같이 자
기의 피에 취하게 하리니 모든 육체
가 나 여호와는 네 구원자요 네 구속
자요 야곱의 전능자인 줄 알리라

26】

50

1 나 여호와가 이같이 말하노라 내
가 너희의 어미를 내보낸 이혼 증
서가 어디 있느냐 내가 어느 채주에
게 너희를 팔았느냐 보라 너희는 너
희의 죄악으로 말미암아 팔렸고 너희
의 어미는 너희의 배역함으로 말미암
아 내보냄을 받았느니라
2 내가 왔어도 사람이 없었으며 내가
불러도 대답하는 자가 없었음은 어
찌 됨이냐 내 손이 어찌 짧아 구속하
지 못하겠느냐 내게 어찌 건질 능력
이 없겠느냐 보라 내가 꾸짖어 바다
를 마르게 하며 강들을 사막이 되게
하며 물이 없어졌으므로 그 물고기들
이 악취를 내며 갈하여 죽으리라
3 내가 흑암으로 하늘을 입히며 굵은
베로 덮느니라

주를 거역하지 아니하다

4 ○ 주 여호와께서 학자들의 혀를 내
게 주사 나로 곤고한 자를 말로 어떻

1】

2】

3】

4】

게 도와 줄 줄을 알게 하시고 아침마
다 깨우치시되 나의 귀를 깨우치사
학자들 같이 알아듣게 하시도다
5 주 여호와께서 나의 귀를 여셨으므로
내가 거역하지도 아니하며 뒤로 물러
가지도 아니하며
6 나를 때리는 자들에게 내 등을 맡기며
나의 수염을 뽑는 자들에게 나의 뺨을
맡기며 모욕과 침 뱉음을 당하여도 내
얼굴을 가리지 아니하였느니라
7 주 여호와께서 나를 도우시므로 내가
부끄러워하지 아니하고 내 얼굴을 부
싯돌 같이 굳게 하였으므로 내가 수
치를 당하지 아니할 줄 아노라
8 나를 의롭다 하시는 이가 가까이 계
시니 나와 다툴 자가 누구냐 나와 함
께 설지어다 나의 대적이 누구냐 내
게 가까이 나아올지어다
9 보라 주 여호와께서 나를 도우시리니
나를 정죄할 자 누구냐 보라 그들은
다 옷과 같이 해어지며 좀이 그들을
먹으리라
10 ○ 너희 중에 여호와를 경외하며 그
의 종의 목소리를 청종하는 자가 누
구냐 흑암 중에 행하여 빛이 없는 자
라도 여호와의 이름을 의뢰하며 자기
하나님께 의지할지어다

5】

6】

7】

8】

9】

10】

11 보라 불을 피우고 횃불을 둘러 띤 자
여 너희가 다 너희의 불꽃 가운데로
걸어가며 너희가 피운 횃불 가운데로
걸어갈지어다 너희가 내 손에서 얻을
것이 이것이라 너희가 고통이 있는
곳에 누우리라

11】

위로의 말씀

51 1 의를 따르며 여호와를 찾아 구하는
너희는 내게 들을지어다 너희를 떠
낸 반석과 너희를 파낸 우묵한 구덩
이를 생각하여 보라
2 너희의 조상 아브라함과 너희를 낳은
사라를 생각하여 보라 아브라함이 혼
자 있을 때에 내가 그를 부르고 그에
게 복을 주어 창성하게 하였느니라
3 나 여호와가 시온의 모든 황폐한 곳들
을 위로하여 그 사막을 에덴 같게, 그
광야를 여호와의 동산 같게 하였나니
그 가운데에 기쁨과 즐거워함과 감
사함과 창화하는 소리가 있으리라
4 ○ 내 백성이여 내게 주의하라 내 나
라여 내게 귀를 기울이라 이는 율법
이 내게서부터 나갈 것임이라 내가
내 공의를 만민의 빛으로 세우리라
5 내 공의가 가깝고 내 구원이 나갔은즉
내 팔이 만민을 심판하리니 섬들이 나

1】

2】

3】

4】

5】

를 앙망하여 내 팔에 의지하리라
6 너희는 하늘로 눈을 들며 그 아래의
땅을 살피라 하늘이 연기 같이 사라
지고 땅이 옷 같이 해어지며 거기에
사는 자들이 하루살이 같이 죽으려니
와 나의 구원은 영원히 있고 나의 공
의는 폐하여지지 아니하리라
7 ○ 의를 아는 자들아, 마음에 내 율법
이 있는 백성들아, 너희는 내게 듣고
그들의 비방을 두려워하지 말라 그들
의 비방에 놀라지 말라
8 옷 같이 좀이 그들을 먹을 것이며 양
털 같이 좀벌레가 그들을 먹을 것이
나 나의 공의는 영원히 있겠고 나의
구원은 세세에 미치리라
9 ○ 여호와의 팔이여 깨소서 깨소서
능력을 베푸소서 옛날 옛시대에 깨신
것 같이 하소서 라합을 저미시고 용
을 찌르신 이가 어찌 주가 아니시며
10 바다를, 넓고 깊은 물을 말리시고 바
다 깊은 곳에 길을 내어 구속 받은 자
들을 건너게 하신 이가 어찌 주가 아
니시니이까
11 여호와께 구속 받은 자들이 돌아와
노래하며 시온으로 돌아오니 영원한
기쁨이 그들의 머리 위에 있고 슬픔
과 탄식이 달아나리이다

6】

7】

8】

9】

10】

11】

12 ○ 이르시되 너희를 위로하는 자는
나 곧 나이니라 너는 어떠한 자이기
에 죽을 사람을 두려워하며 풀 같이
될 사람의 아들을 두려워하느냐
13 하늘을 펴고 땅의 기초를 정하고 너
를 지은 자 여호와를 어찌하여 잊어
버렸느냐 너를 멸하려고 준비하는 저
학대자의 분노를 어찌하여 항상 종일
두려워하느냐 학대자의 분노가 어디
있느냐
14 결박된 포로가 속히 놓일 것이니 죽
지도 아니할 것이요 구덩이로 내려가
지도 아니할 것이며 그의 양식이 부
족하지도 아니하리라
15 나는 네 하나님 여호와라 바다를
휘저어서 그 물결을 뒤흔들게 하는
자이니 그의 이름은 만군의 여호와
니라
16 내가 내 말을 네 입에 두고 내 손 그
늘로 너를 덮었나니 이는 내가 하늘
을 펴며 땅의 기초를 정하며 시온에
게 이르기를 너는 내 백성이라 말하
기 위함이니라

비틀걸음 치게 하는 잔을 거두리라

17 ○ 여호와의 손에서 그의 분노의 잔
을 마신 예루살렘이여 깰지어다 깰지
어다 일어설지어다 네가 이미 비틀걸

12】

13】

14】

15】

16】

17】

음 치게 하는 큰 잔을 마셔 다 비웠
도다
18 네가 낳은 모든 아들 중에 너를 인도할
자가 없고 네가 양육한 모든 아들 중에
그 손으로 너를 이끌 자도 없도다
19 이 두 가지 일이 네게 닥쳤으니 누가
너를 위하여 슬퍼하랴 곧 황폐와 멸
망이요 기근과 칼이라 누가 너를 위
로하랴
20 네 아들들이 곤비하여 그물에 걸린
영양 같이 온 거리 모퉁이에 누웠으
니 그들에게 여호와의 분노와 네 하
나님의 견책이 가득하도다
21 ○ 그러므로 너 곤고하며 포도주가
아니라도 취한 자여 이 말을 들으라
22 네 주 여호와, 그의 백성의 억울함을
풀어 주시는 네 하나님이 이같이 말
씀하시되 보라 내가 비틀걸음 치게
하는 잔 곧 나의 분노의 큰 잔을 네
손에서 거두어서 네가 다시는 마시지
못하게 하고
23 그 잔을 너를 괴롭게 하던 자들의 손
에 두리라 그들은 일찍이 네게 이르
기를 엎드리라 우리가 넘어가리라 하
던 자들이라 너를 넘어가려는 그들에
게 네가 네 허리를 땅과 같게, 길거리
와 같게 하였느니라 하시니라

18】

19】

20】

21】

22】

23】

여호와께서 예루살렘을 구속하시다

52

1 시온이여 깰지어다 깰지어다 네
힘을 낼지어다 거룩한 성 예루살
렘이여 네 아름다운 옷을 입을지어다
이제부터 할례 받지 아니한 자와 부
정한 자가 다시는 네게로 들어옴이
없을 것임이라
2 너는 티끌을 털어 버릴지어다 예루살
렘이여 일어나 앉을지어다 사로잡힌
딸 시온이여 네 목의 줄을 스스로 풀
지어다
3 ○ 여호와께서 이와 같이 말씀하시되
너희가 값 없이 팔렸으니 돈 없이 속
량되리라
4 주 여호와께서 이와 같이 말씀하시되
내 백성이 전에 애굽에 내려가서 거
기에 거류하였고 앗수르인은 공연히
그들을 압박하였도다
5 그러므로 이제 여호와께서 말씀하시
되 내 백성이 까닭 없이 잡혀갔으니
내가 여기서 어떻게 하랴 여호와께서
말씀하시되 그들을 관할하는 자들이
떠들며 내 이름을 항상 종일토록 더
럽히도다
6 그러므로 내 백성은 내 이름을 알리
라 그러므로 그 날에는 그들이 이 말
을 하는 자가 나인 줄을 알리라 내가

1】

2】

3】

4】

5】

6】

여기 있느니라
7 ○ 좋은 소식을 전하며 평화를 공포하
며 복된 좋은 소식을 가져오며 구원을
공포하며 시온을 향하여 이르기를 네
하나님이 통치하신다 하는 자의 산을
넘는 발이 어찌 그리 아름다운가
8 네 파수꾼들의 소리로다 그들이 소리
를 높여 일제히 노래하니 이는 여호
와께서 시온으로 돌아오실 때에 그들
의 눈이 마주 보리로다
9 너 예루살렘의 황폐한 곳들아 기쁜
소리를 내어 함께 노래할지어다 이는
여호와께서 그의 백성을 위로하셨고
예루살렘을 구속하셨음이라
10 여호와께서 열방의 목전에서 그의 거
룩한 팔을 나타내셨으므로 땅 끝까지
도 모두 우리 하나님의 구원을 보았
도다
11 ○ 너희는 떠날지어다 떠날지어다 거
기서 나오고 부정한 것을 만지지 말
지어다 그 가운데에서 나올지어다 여
호와의 기구를 메는 자들이여 스스로
정결하게 할지어다
12 여호와께서 너희 앞에서 행하시며 이
스라엘의 하나님이 너희 뒤에서 호위
하시리니 너희가 황급히 나오지 아니
하며 도망하듯 다니지 아니하리라

7】

8】

9】

10】

11】

12】

고난 받는 종

13 ○ 보라 내 종이 형통하리니 받들어
높이 들려서 지극히 존귀하게 되리라
14 전에는 그의 모양이 타인보다 상하였
고 그의 모습이 사람들보다 상하였으
므로 많은 사람이 그에 대하여 놀랐
거니와
15 그가 나라들을 놀라게 할 것이며 왕
들은 그로 말미암아 그들의 입을 봉
하리니 이는 그들이 아직 그들에게
전파되지 아니한 것을 볼 것이요 아
직 듣지 못한 것을 깨달을 것임이라

13】

14】

15】

53

1 우리가 전한 것을 누가 믿었느냐
여호와의 팔이 누구에게 나타났
느냐
2 그는 주 앞에서 자라나기를 연한 순
같고 마른 땅에서 나온 뿌리 같아서
고운 모양도 없고 풍채도 없은즉 우
리가 보기에 흠모할 만한 아름다운
것이 없도다
3 그는 멸시를 받아 사람들에게 버림
받았으며 간고를 많이 겪었으며 질고
를 아는 자라 마치 사람들이 그에게
서 얼굴을 가리는 것 같이 멸시를 당
하였고 우리도 그를 귀히 여기지 아
니하였도다

1】

2】

3】

4 ○ 그는 실로 우리의 질고를 지고 우
리의 슬픔을 당하였거늘 우리는 생각
하기를 그는 징벌을 받아 하나님께
맞으며 고난을 당한다 하였노라
5 그가 찔림은 우리의 허물 때문이요
그가 상함은 우리의 죄악 때문이라
그가 징계를 받으므로 우리는 평화를
누리고 그가 채찍에 맞으므로 우리는
나음을 받았도다
6 우리는 다 양 같아서 그릇 행하여 각
기 제 길로 갔거늘 여호와께서는 우
리 모두의 죄악을 그에게 담당시키셨
도다
7 ○ 그가 곤욕을 당하여 괴로울 때에
도 그의 입을 열지 아니하였음이여
마치 도수장으로 끌려 가는 어린 양
과 털 깎는 자 앞에서 잠잠한 양 같이
그의 입을 열지 아니하였도다
8 그는 곤욕과 심문을 당하고 끌려 갔
으나 그 세대 중에 누가 생각하기를
그가 살아 있는 자들의 땅에서 끊어
짐은 마땅히 형벌 받을 내 백성의 허
물 때문이라 하였으리요
9 그는 강포를 행하지 아니하였고 그
의 입에 거짓이 없었으나 그의 무덤
이 악인들과 함께 있었으며 그가 죽
은 후에 부자와 함께 있었도다

4】

5】

6】

7】

8】

9】

10 ○ 여호와께서 그에게 상함을 받게 하
시기를 원하사 질고를 당하게 하셨은
즉 그의 영혼을 속건제물로 드리기에
이르면 그가 씨를 보게 되며 그의 날
은 길 것이요 또 그의 손으로 여호와
께서 기뻐하시는 뜻을 성취하리로다
11 그가 자기 영혼의 수고한 것을 보고
만족하게 여길 것이라 나의 의로운
종이 자기 지식으로 많은 사람을 의
롭게 하며 또 그들의 죄악을 친히 담
당하리로다
12 그러므로 내가 그에게 존귀한 자와
함께 몫을 받게 하며 강한 자와 함께
탈취한 것을 나누게 하리니 이는 그
가 자기 영혼을 버려 사망에 이르게
하며 범죄자 중 하나로 헤아림을 받
았음이니라 그러나 그가 많은 사람의
죄를 담당하며 범죄자를 위하여 기도
하였느니라

10】

11】

12】

하나님의 영원한 자비

54

1 잉태하지 못하며 출산하지 못한
너는 노래할지어다 산고를 겪지
못한 너는 외쳐 노래할지어다 이는
홀로 된 여인의 자식이 남편 있는 자
의 자식보다 많음이라 여호와께서 말
씀하셨느니라

1】

2 네 장막터를 넓히며 네 처소의 휘장
을 아끼지 말고 널리 펴되 너의 줄을
길게 하며 너의 말뚝을 견고히 할지
어다
3 이는 네가 좌우로 퍼지며 네 자손은
열방을 얻으며 황폐한 성읍들을 사람
살 곳이 되게 할 것임이라
4 ○ 두려워하지 말라 네가 수치를 당
하지 아니하리라 놀라지 말라 네가
부끄러움을 보지 아니하리라 네가 네
젊었을 때의 수치를 잊겠고 과부 때
의 치욕을 다시 기억함이 없으리니
5 이는 너를 지으신 이가 네 남편이시
라 그의 이름은 만군의 여호와이시며
네 구속자는 이스라엘의 거룩한 이시
라 그는 온 땅의 하나님이라 일컬음
을 받으실 것이라
6 여호와께서 너를 부르시되 마치 버림
을 받아 마음에 근심하는 아내 곧 어
릴 때에 아내가 되었다가 버림을 받
은 자에게 함과 같이 하실 것임이라
네 하나님께서 말씀하셨느니라
7 내가 잠시 너를 버렸으나 큰 긍휼로
너를 모을 것이요
8 내가 넘치는 진노로 내 얼굴을 네게
서 잠시 가렸으나 영원한 자비로 너
를 긍휼히 여기리라 네 구속자 여호

2】

3】

4】

5】

6】

7】

8】

년 월 일

와께서 말씀하셨느니라
9 ○ 이는 내게 노아의 홍수와 같도다
내가 다시는 노아의 홍수로 땅 위에
범람하지 못하게 하리라 맹세한 것 같
이 내가 네게 노하지 아니하며 너를
책망하지 아니하기로 맹세하였노니
10 산들이 떠나며 언덕들은 옮겨질지라
도 나의 자비는 네게서 떠나지 아니
하며 나의 화평의 언약은 흔들리지
아니하리라 너를 긍휼히 여기시는 여
호와께서 말씀하셨느니라

미래의 예루살렘

11 ○ 너 곤고하며 광풍에 요동하여 안
위를 받지 못한 자여 보라 내가 화려
한 채색으로 네 돌 사이에 더하며 청
옥으로 네 기초를 쌓으며
12 홍보석으로 네 성벽을 지으며 석류석
으로 네 성문을 만들고 네 지경을 다
보석으로 꾸밀 것이며
13 네 모든 자녀는 여호와의 교훈을 받
을 것이니 네 자녀에게는 큰 평안이
있을 것이며
14 너는 공의로 설 것이며 학대가 네게
서 멀어질 것인즉 네가 두려워하지
아니할 것이며 공포도 네게 가까이하
지 못할 것이라
15 보라 그들이 분쟁을 일으킬지라도 나

9】

10】

11】

12】

13】

14】

15】

로 말미암지 아니한 것이니 누구든지
너와 분쟁을 일으키는 자는 너로 말
미암아 패망하리라
16 보라 숯불을 불어서 자기가 쓸 만한
연장을 제조하는 장인도 내가 창조하
였고 파괴하며 진멸하는 자도 내가
창조하였은즉
17 너를 치려고 제조된 모든 연장이 쓸
모가 없을 것이라 일어나 너를 대적
하여 송사하는 모든 혀는 네게 정죄
를 당하리니 이는 여호와의 종들의
기업이요 이는 그들이 내게서 얻은
공의니라 여호와의 말씀이니라

16】

17】

하나님의 긍휼

55 1 오호라 너희 모든 목마른 자들아
물로 나아오라 돈 없는 자도 오라
너희는 와서 사 먹되 돈 없이, 값 없이
와서 포도주와 젖을 사라
2 너희가 어찌하여 양식이 아닌 것을
위하여 은을 달아 주며 배부르게 하
지 못할 것을 위하여 수고하느냐 내
게 듣고 들을지어다 그리하면 너희가
좋은 것을 먹을 것이며 너희 자신들이
기름진 것으로 즐거움을 얻으리라
3 너희는 귀를 기울이고 내게로 나아와
들으라 그리하면 너희의 영혼이 살리

1】

2】

3】

라 내가 너희를 위하여 영원한 언약
을 맺으리니 곧 다윗에게 허락한 확
실한 은혜이니라
4 보라 내가 그를 만민에게 증인으로
세웠고 만민의 인도자와 명령자로 삼
았나니
5 보라 네가 알지 못하는 나라를 네가
부를 것이며 너를 알지 못하는 나라
가 네게로 달려올 것은 여호와 네 하
나님 곧 이스라엘의 거룩하신 이로
말미암음이니라 이는 그가 너를 영화
롭게 하였느니라
6 ○ 너희는 여호와를 만날 만한 때에 찾
으라 가까이 계실 때에 그를 부르라
7 악인은 그의 길을, 불의한 자는 그의
생각을 버리고 여호와께로 돌아오라
그리하면 그가 긍휼히 여기시리라 우
리 하나님께로 돌아오라 그가 너그럽
게 용서하시리라
8 이는 내 생각이 너희의 생각과 다르
며 내 길은 너희의 길과 다름이니라
여호와의 말씀이니라
9 이는 하늘이 땅보다 높음 같이 내 길
은 너희의 길보다 높으며 내 생각은
너희의 생각보다 높음이니라
10 이는 비와 눈이 하늘로부터 내려서 그
리로 되돌아가지 아니하고 땅을 적셔

4】

5】

6】

7】

8】

9】

10】

서 소출이 나게 하며 싹이 나게 하여
파종하는 자에게는 종자를 주며 먹는
자에게는 양식을 줌과 같이
11 내 입에서 나가는 말도 이와 같이 헛
되이 내게로 되돌아오지 아니하고 나
의 기뻐하는 뜻을 이루며 내가 보낸
일에 형통함이니라
12 너희는 기쁨으로 나아가며 평안히 인
도함을 받을 것이요 산들과 언덕들이
너희 앞에서 노래를 발하고 들의 모
든 나무가 손뼉을 칠 것이며
13 잣나무는 가시나무를 대신하여 나며
화석류는 찔레를 대신하여 날 것이라
이것이 여호와의 기념이 되며 영영한
표징이 되어 끊어지지 아니하리라

11】

12】

13】

여호와께 연합한 사람

56 1 여호와께서 이와 같이 말씀하시
기를 너희는 정의를 지키며 의를
행하라 이는 나의 구원이 가까이 왔
고 나의 공의가 나타날 것임이라 하
셨도다
2 안식일을 지켜 더럽히지 아니하며 그
의 손을 금하여 모든 악을 행하지 아
니하여야 하나니 이와 같이 하는 사
람, 이와 같이 굳게 잡는 사람은 복이
있느니라

1】

2】

3 여호와께 연합한 이방인은 말하기를
여호와께서 나를 그의 백성 중에서
반드시 갈라내시리라 하지 말며 고자
도 말하기를 나는 마른 나무라 하지
말라
4 여호와께서 이와 같이 말씀하시기를
나의 안식일을 지키며 내가 기뻐하는
일을 선택하며 나의 언약을 굳게 잡
는 고자들에게는
5 내가 내 집에서, 내 성 안에서 아들이
나 딸보다 나은 기념물과 이름을 그
들에게 주며 영원한 이름을 주어 끊
어지지 아니하게 할 것이며
6 또 여호와와 연합하여 그를 섬기며
여호와의 이름을 사랑하며 그의 종이
되며 안식일을 지켜 더럽히지 아니하
며 나의 언약을 굳게 지키는 이방인
마다
7 내가 곧 그들을 나의 성산으로 인도
하여 기도하는 내 집에서 그들을 기
쁘게 할 것이며 그들의 번제와 희생
을 나의 제단에서 기꺼이 받게 되리
니 이는 내 집은 만민이 기도하는 집
이라 일컬음이 될 것임이라
8 이스라엘의 쫓겨난 자를 모으시는 주
여호와가 말하노니 내가 이미 모은
백성 외에 또 모아 그에게 속하게 하

3】

4】

5】

6】

7】

8】

리라 하셨느니라

몰지각한 목자들

9 ○ 들의 모든 짐승들아 숲 가운데의
모든 짐승들아 와서 먹으라
10 이스라엘의 파수꾼들은 맹인이요 다
무지하며 벙어리 개들이라 짖지 못하
며 다 꿈꾸는 자들이요 누워 있는 자
들이요 잠자기를 좋아하는 자들이니
11 이 개들은 탐욕이 심하여 족한 줄을
알지 못하는 자들이요 그들은 몰지각
한 목자들이라 다 제 길로 돌아가며
사람마다 자기 이익만 추구하며
12 오라 내가 포도주를 가져오리라 우리
가 독주를 잔뜩 마시자 내일도 오늘
같이 크게 넘치리라 하느니라

9】

10】

11】

12】

우상 숭배를 규탄하시다

57
1 의인이 죽을지라도 마음에 두는
자가 없고 진실한 이들이 거두어
감을 당할지라도 깨닫는 자가 없도다
의인들은 악한 자들 앞에서 불리어가
도다
2 그들은 평안에 들어갔나니 바른 길
로 가는 자들은 그들의 침상에서 편
히 쉬리라
3 ○ 무당의 자식, 간음자와 음녀의 자
식들아 너희는 가까이 오라

1】

2】

3】

4 너희가 누구를 희롱하느냐 누구를 향
하여 입을 크게 벌리며 혀를 내미느
냐 너희는 패역의 자식, 거짓의 후손
이 아니냐
5 너희가 상수리나무 사이, 모든 푸른
나무 아래에서 음욕을 피우며 골짜기
가운데 바위 틈에서 자녀를 도살하는
도다
6 골짜기 가운데 매끄러운 돌들 중에
네 몫이 있으니 그것들이 곧 네가 제
비 뽑아 얻은 것이라 또한 네가 전제
와 예물을 그것들에게 드리니 내가
어찌 위로를 받겠느냐
7 네가 높고 높은 산 위에 네 침상을 베
풀었고 네가 또 거기에 올라가서 제
사를 드렸으며
8 네가 또 네 기념표를 문과 문설주 뒤
에 두었으며 네가 나를 떠나 벗고 올
라가서 네 침상을 넓히고 그들과 언
약하며 또 네가 그들의 침상을 사랑
하여 그 벌거벗은 것을 보았으며
9 네가 기름을 가지고 몰렉에게 나아가
되 향품을 더하였으며 네가 또 사신
을 먼 곳에 보내고 스올에까지 내려
가게 하였으며
10 네가 길이 멀어서 피곤할지라도 헛되
다 말하지 아니함은 네 힘이 살아났

4】

5】

6】

7】

8】

9】

10】

으므로 쇠약하여지지 아니함이라
11 ○ 네가 누구를 두려워하며 누구로 말
미암아 놀랐기에 거짓을 말하며 나를
생각하지 아니하며 이를 마음에 두지
아니하였느냐 네가 나를 경외하지 아
니함은 내가 오랫동안 잠잠했기 때문
이 아니냐
12 네 공의를 내가 보이리라 네가 행한
일이 네게 무익하니라
13 네가 부르짖을 때에 네가 모은 우상
들에게 너를 구원하게 하라 그것들은
다 바람에 날려 가겠고 기운에 불려
갈 것이로되 나를 의뢰하는 자는 땅
을 차지하겠고 나의 거룩한 산을 기
업으로 얻으리라

인도하고 고치겠다고 하신 약속

14 ○ 그가 말하기를 돋우고 돋우어 길
을 수축하여 내 백성의 길에서 거치
는 것을 제하여 버리라 하리라
15 지극히 존귀하며 영원히 거하시며 거
룩하다 이름하는 이가 이와 같이 말
씀하시되 내가 높고 거룩한 곳에 있
으며 또한 통회하고 마음이 겸손한
자와 함께 있나니 이는 겸손한 자의
영을 소생시키며 통회하는 자의 마음
을 소생시키려 함이라
16 내가 영원히 다투지 아니하며 내가

11】

12】

13】

14】

15】

16】

끊임없이 노하지 아니할 것은 내가
지은 그의 영과 혼이 내 앞에서 피곤
할까 함이라
17 그의 탐심의 죄악으로 말미암아 내가
노하여 그를 쳤으며 또 내 얼굴을 가
리고 노하였으나 그가 아직도 패역하
여 자기 마음의 길로 걸어가도다
18 내가 그의 길을 보았은즉 그를 고쳐
줄 것이라 그를 인도하며 그와 그를
슬퍼하는 자들에게 위로를 다시 얻게
하리라
19 입술의 열매를 창조하는 자 여호와가
말하노라 먼 데 있는 자에게든지 가
까운 데 있는 자에게든지 평강이 있
을지어다 평강이 있을지어다 내가 그
를 고치리라 하셨느니라
20 그러나 악인은 평온함을 얻지 못하고
그 물이 진흙과 더러운 것을 늘 솟구
쳐 내는 요동하는 바다와 같으니라
21 내 하나님의 말씀에 악인에게는 평강
이 없다 하셨느니라

17】

18】

19】

20】

21】

여호와께서 기뻐하시는 금식

58 1 크게 외치라 목소리를 아끼지 말
라 네 목소리를 나팔 같이 높여 내
백성에게 그들의 허물을, 야곱의 집에
그들의 죄를 알리라

1】

2 그들이 날마다 나를 찾아 나의 길 알
기를 즐거워함이 마치 공의를 행하여
그의 하나님의 규례를 저버리지 아니
하는 나라 같아서 의로운 판단을 내
게 구하며 하나님과 가까이 하기를
즐거워하는도다
3 우리가 금식하되 어찌하여 주께서 보
지 아니하시오며 우리가 마음을 괴롭
게 하되 어찌하여 주께서 알아 주지
아니하시나이까 보라 너희가 금식하
는 날에 오락을 구하며 온갖 일을 시
키는도다
4 보라 너희가 금식하면서 논쟁하며 다
투며 악한 주먹으로 치는도다 너희가
오늘 금식하는 것은 너희의 목소리를
상달하게 하려는 것이 아니니라
5 이것이 어찌 내가 기뻐하는 금식이
되겠으며 이것이 어찌 사람이 자기
의 마음을 괴롭게 하는 날이 되겠느
냐 그의 머리를 갈대 같이 숙이고 굵
은 베와 재를 펴는 것을 어찌 금식이
라 하겠으며 여호와께 열납될 날이라
하겠느냐
6 내가 기뻐하는 금식은 흉악의 결박을
풀어 주며 멍에의 줄을 끌러 주며 압
제 당하는 자를 자유하게 하며 모든
멍에를 꺾는 것이 아니겠느냐

2】

3】

4】

5】

6】

7 또 주린 자에게 네 양식을 나누어 주
며 유리하는 빈민을 집에 들이며 헐
벗은 자를 보면 입히며 또 네 골육을
피하여 스스로 숨지 아니하는 것이
아니겠느냐
8 그리하면 네 빛이 새벽 같이 비칠 것
이며 네 치유가 급속할 것이며 네 공
의가 네 앞에 행하고 여호와의 영광
이 네 뒤에 호위하리니
9 네가 부를 때에는 나 여호와가 응답
하겠고 네가 부르짖을 때에는 내가
여기 있다 하리라
○ 만일 네가 너희 중에서 멍에와 손
가락질과 허망한 말을 제하여 버리고
10 주린 자에게 네 심정이 동하며 괴로
워하는 자의 심정을 만족하게 하면
네 빛이 흑암 중에서 떠올라 네 어둠
이 낮과 같이 될 것이며
11 여호와가 너를 항상 인도하여 메마른
곳에서도 네 영혼을 만족하게 하며
네 뼈를 견고하게 하리니 너는 물 댄
동산 같겠고 물이 끊어지지 아니하는
샘 같을 것이라
12 네게서 날 자들이 오래 황폐된 곳들
을 다시 세울 것이며 너는 역대의 파
괴된 기초를 쌓으리니 너를 일컬어
무너진 데를 보수하는 자라 할 것이

7】

8】

9】

10】

11】

12】

며 길을 수축하여 거할 곳이 되게 하
는 자라 하리라

안식일을 지키면

13 ○ 만일 안식일에 네 발을 금하여 내
성일에 오락을 행하지 아니하고 안식
일을 일컬어 즐거운 날이라, 여호와의
성일을 존귀한 날이라 하여 이를 존
귀하게 여기고 네 길로 행하지 아니
하며 네 오락을 구하지 아니하며 사
사로운 말을 하지 아니하면
14 네가 여호와 안에서 즐거움을 얻을
것이라 내가 너를 땅의 높은 곳에 올
리고 네 조상 야곱의 기업으로 기르
리라 여호와의 입의 말씀이니라

13】

14】

선지자가 백성의 죄악을 규탄하다

59 1 여호와의 손이 짧아 구원하지 못
하심도 아니요 귀가 둔하여 듣지
못하심도 아니라
2 오직 너희 죄악이 너희와 너희 하나
님 사이를 갈라 놓았고 너희 죄가 그
의 얼굴을 가리어서 너희에게서 듣지
않으시게 함이니라
3 이는 너희 손이 피에, 너희 손가락이
죄악에 더러워졌으며 너희 입술은 거
짓을 말하며 너희 혀는 악독을 냄이라
4 공의대로 소송하는 자도 없고 진실하

1】

2】

3】

4】

게 판결하는 자도 없으며 허망한 것
을 의뢰하며 거짓을 말하며 악행을
잉태하여 죄악을 낳으며
5 독사의 알을 품으며 거미줄을 짜나니 5】
그 알을 먹는 자는 죽을 것이요 그 알
이 밟힌즉 터져서 독사가 나올 것이
니라
6 그 짠 것으로는 옷을 이룰 수 없을 것 6】
이요 그 행위로는 자기를 가릴 수 없
을 것이며 그 행위는 죄악의 행위라
그 손에는 포악한 행동이 있으며
7 그 발은 행악하기에 빠르고 무죄한 7】
피를 흘리기에 신속하며 그 생각은
악한 생각이라 황폐와 파멸이 그 길
에 있으며
8 그들은 평강의 길을 알지 못하며 그들 8】
이 행하는 곳에는 정의가 없으며 굽은
길을 스스로 만드나니 무릇 이 길을
밟는 자는 평강을 알지 못하느니라

백성이 죄악을 자백하다

9 ○ 그러므로 정의가 우리에게서 멀고 9】
공의가 우리에게 미치지 못한즉 우리
가 빛을 바라나 어둠뿐이요 밝은 것을
바라나 캄캄한 가운데에 행하므로
10 우리가 맹인 같이 담을 더듬으며 눈 10】
없는 자 같이 두루 더듬으며 낮에도
황혼 때 같이 넘어지니 우리는 강장

한 자 중에서도 죽은 자 같은지라
11 우리가 곰 같이 부르짖으며 비둘기
같이 슬피 울며 정의를 바라나 없고
구원을 바라나 우리에게서 멀도다
12 이는 우리의 허물이 주의 앞에 심히
많으며 우리의 죄가 우리를 쳐서 증언
하오니 이는 우리의 허물이 우리와 함
께 있음이니라 우리의 죄악을 우리가
아나이다
13 우리가 여호와를 배반하고 속였으며
우리 하나님을 따르는 데에서 돌이켜
포학과 패역을 말하며 거짓말을 마음
에 잉태하여 낳으니
14 정의가 뒤로 물리침이 되고 공의가
멀리 섰으며 성실이 거리에 엎드러지
고 정직이 나타나지 못하는도다
15 성실이 없어지므로 악을 떠나는 자가
탈취를 당하는도다

여호와께서 백성을 구원하려고 하시다

○ 여호와께서 이를 살피시고 그 정의
가 없는 것을 기뻐하지 아니하시고
16 사람이 없음을 보시며 중재자가 없
음을 이상히 여기셨으므로 자기 팔로
스스로 구원을 베푸시며 자기의 공의
를 스스로 의지하사
17 공의를 갑옷으로 삼으시며 구원을 자
기의 머리에 써서 투구로 삼으시며

11】
12】
13】
14】
15】
16】
17】

보복을 속옷으로 삼으시며 열심을 입
어 겉옷으로 삼으시고
18 그들의 행위대로 갚으시되 그 원수에
게 분노하시며 그 원수에게 보응하시
며 섬들에게 보복하실 것이라
19 서쪽에서 여호와의 이름을 두려워하
겠고 해 돋는 쪽에서 그의 영광을 두
려워할 것은 여호와께서 그 기운에
몰려 급히 흐르는 강물 같이 오실 것
임이로다
20 여호와의 말씀이니라 구속자가 시온
에 임하며 야곱의 자손 가운데에서
죄과를 떠나는 자에게 임하리라
21 여호와께서 이르시되 내가 그들과 세
운 나의 언약이 이러하니 곧 네 위에
있는 나의 영과 네 입에 둔 나의 말
이 이제부터 영원하도록 네 입에서와
네 후손의 입에서와 네 후손의 후손
의 입에서 떠나지 아니하리라 하시니
라 여호와의 말씀이니라

18】

19】

20】

21】

예루살렘이 받을 영광

60 1 일어나라 빛을 발하라 이는 네 빛
이 이르렀고 여호와의 영광이 네
위에 임하였음이니라
2 보라 어둠이 땅을 덮을 것이며 캄캄
함이 만민을 가리려니와 오직 여호와

1】

2】

께서 네 위에 임하실 것이며 그의 영
광이 네 위에 나타나리니
3 나라들은 네 빛으로, 왕들은 비치는
네 광명으로 나아오리라
4 ○ 네 눈을 들어 사방을 보라 무리가
다 모여 네게로 오느니라 네 아들들
은 먼 곳에서 오겠고 네 딸들은 안기
어 올 것이라
5 그 때에 네가 보고 기쁜 빛을 내며 네
마음이 놀라고 또 화창하리니 이는
바다의 부가 네게로 돌아오며 이방
나라들의 재물이 네게로 옴이라
6 허다한 낙타, 미디안과 에바의 어린
낙타가 네 가운데에 가득할 것이며 스
바 사람들은 다 금과 유향을 가지고
와서 여호와의 찬송을 전파할 것이며
7 게달의 양 무리는 다 네게로 모일 것이
요 느바욧의 숫양은 네게 공급되고 내
제단에 올라 기꺼이 받음이 되리니 내
가 내 영광의 집을 영화롭게 하리라
8 저 구름 같이, 비둘기들이 그 보금자
리로 날아가는 것 같이 날아오는 자
들이 누구냐
9 곧 섬들이 나를 앙망하고 다시스의
배들이 먼저 이르되 먼 곳에서 네 자
손과 그들의 은금을 아울러 싣고 와
서 네 하나님 여호와의 이름에 드리

3】

4】

5】

6】

7】

8】

9】

려 하며 이스라엘의 거룩한 이에게
드리려 하는 자들이라 이는 내가 너
를 영화롭게 하였음이라
10 ○ 내가 노하여 너를 쳤으나 이제는
나의 은혜로 너를 불쌍히 여겼은즉
이방인들이 네 성벽을 쌓을 것이요
그들의 왕들이 너를 섬길 것이며
11 네 성문이 항상 열려 주야로 닫히지
아니하리니 이는 사람들이 네게로 이
방 나라들의 재물을 가져오며 그들의
왕들을 포로로 이끌어 옴이라
12 너를 섬기지 아니하는 백성과 나라는
파멸하리니 그 백성들은 반드시 진멸
되리라
13 레바논의 영광 곧 잣나무와 소나무와
황양목이 함께 네게 이르러 내 거룩
한 곳을 아름답게 할 것이며 내가 나
의 발 둘 곳을 영화롭게 할 것이라
14 너를 괴롭히던 자의 자손이 몸을 굽
혀 네게 나아오며 너를 멸시하던 모
든 자가 네 발 아래에 엎드려 너를 일
컬어 여호와의 성읍이라, 이스라엘의
거룩한 이의 시온이라 하리라
15 ○ 전에는 네가 버림을 당하며 미움을
당하였으므로 네게로 가는 자가 없었
으나 이제는 내가 너를 영원한 아름
다움과 대대의 기쁨이 되게 하리니

10】

11】

12】

13】

14】

15】

16 네가 이방 나라들의 젖을 빨며 뭇 왕의
젖을 빨고 나 여호와는 네 구원자, 네
구속자, 야곱의 전능자인 줄 알리라
17 내가 금을 가지고 놋을 대신하며 은
을 가지고 철을 대신하며 놋으로 나
무를 대신하며 철로 돌을 대신하며
화평을 세워 관원으로 삼으며 공의를
세워 감독으로 삼으리니
18 다시는 강포한 일이 네 땅에 들리지
않을 것이요 황폐와 파멸이 네 국경
안에 다시 없을 것이며 네가 네 성벽
을 구원이라, 네 성문을 찬송이라 부
를 것이라
19 다시는 낮에 해가 네 빛이 되지 아니
하며 달도 네게 빛을 비추지 않을 것
이요 오직 여호와가 네게 영원한 빛이
되며 네 하나님이 네 영광이 되리니
20 다시는 네 해가 지지 아니하며 네 달
이 물러가지 아니할 것은 여호와가
네 영원한 빛이 되고 네 슬픔의 날이
끝날 것임이라
21 네 백성이 다 의롭게 되어 영원히 땅
을 차지하리니 그들은 내가 심은 가
지요 내가 손으로 만든 것으로서 나
의 영광을 나타낼 것인즉
22 그 작은 자가 천 명을 이루겠고 그 약
한 자가 강국을 이룰 것이라 때가 되

16】

17】

18】

19】

20】

21】

22】

면 나 여호와가 속히 이루리라

구원의 아름다운 소식

61 1 주 여호와의 영이 내게 내리셨으
니 이는 여호와께서 내게 기름을
부으사 가난한 자에게 아름다운 소식
을 전하게 하려 하심이라 나를 보내
사 마음이 상한 자를 고치며 포로된
자에게 자유를, 갇힌 자에게 놓임을
선포하며
2 여호와의 은혜의 해와 우리 하나님의
보복의 날을 선포하여 모든 슬픈 자
를 위로하되
3 무릇 시온에서 슬퍼하는 자에게 화관
을 주어 그 재를 대신하며 기쁨의 기
름으로 그 슬픔을 대신하며 찬송의 옷
으로 그 근심을 대신하시고 그들이 의
의 나무 곧 여호와께서 심으신 그 영
광을 나타낼 자라 일컬음을 받게 하
려 하심이라
4 ○ 그들은 오래 황폐하였던 곳을 다
시 쌓을 것이며 옛부터 무너진 곳을
다시 일으킬 것이며 황폐한 성읍 곧
대대로 무너져 있던 것들을 중수할
것이며
5 외인은 서서 너희 양 떼를 칠 것이요
이방 사람은 너희 농부와 포도원지기

1】

2】

3】

4】

5】

가 될 것이나
6 오직 너희는 여호와의 제사장이라 일
컬음을 받을 것이라 사람들이 너희
를 우리 하나님의 봉사자라 할 것이
며 너희가 이방 나라들의 재물을 먹
으며 그들의 영광을 얻어 자랑할 것
이니라
7 너희가 수치 대신에 보상을 배나 얻
으며 능욕 대신에 몫으로 말미암아
즐거워할 것이라 그리하여 그들의 땅
에서 갑절이나 얻고 영원한 기쁨이
있으리라
8 무릇 나 여호와는 정의를 사랑하며
불의의 강탈을 미워하여 성실히 그들
에게 갚아 주고 그들과 영원한 언약
을 맺을 것이라
9 그들의 자손을 뭇 나라 가운데에, 그
들의 후손을 만민 가운데에 알리리니
무릇 이를 보는 자가 그들은 여호와
께 복 받은 자손이라 인정하리라
10 ○ 내가 여호와로 말미암아 크게 기
뻐하며 내 영혼이 나의 하나님으로 말
미암아 즐거워하리니 이는 그가 구원
의 옷을 내게 입히시며 공의의 겉옷을
내게 더하심이 신랑이 사모를 쓰며 신
부가 자기 보석으로 단장함 같게 하셨
음이라

6】

7】

8】

9】

10】

11 땅이 싹을 내며 동산이 거기 뿌린 것
을 움돋게 함 같이 주 여호와께서 공
의와 찬송을 모든 나라 앞에 솟아나
게 하시리라

11】

62

1 나는 시온의 의가 빛 같이, 예루살
렘의 구원이 횃불 같이 나타나도
록 시온을 위하여 잠잠하지 아니하
며 예루살렘을 위하여 쉬지 아니할
것인즉
2 이방 나라들이 네 공의를, 뭇 왕이 다
네 영광을 볼 것이요 너는 여호와의
입으로 정하실 새 이름으로 일컬음이
될 것이며
3 너는 또 여호와의 손의 아름다운 관,
네 하나님의 손의 왕관이 될 것이라
4 다시는 너를 버림 받은 자라 부르지
아니하며 다시는 네 땅을 황무지라
부르지 아니하고 오직 너를 헵시바
라 하며 네 땅을 뿔라라 하리니 이는
여호와께서 너를 기뻐하실 것이며 네
땅이 결혼한 것처럼 될 것임이라
5 마치 청년이 처녀와 결혼함 같이 네
아들들이 너를 취하겠고 신랑이 신부
를 기뻐함 같이 네 하나님이 너를 기
뻐하시리라
6 ○ 예루살렘이여 내가 너의 성벽 위

1】

2】

3】

4】

5】

6】

에 파수꾼을 세우고 그들로 하여금
주야로 계속 잠잠하지 않게 하였느
니라 너희 여호와로 기억하시게 하는
자들아 너희는 쉬지 말며
7 또 여호와께서 예루살렘을 세워 세
상에서 찬송을 받게 하시기까지 그로
쉬지 못하시게 하라
8 여호와께서 그 오른손, 그 능력의 팔
로 맹세하시되 내가 다시는 네 곡식을
네 원수들에게 양식으로 주지 아니하
겠고 네가 수고하여 얻은 포도주를 이
방인이 마시지 못하게 할 것인즉
9 오직 추수한 자가 그것을 먹고 나 여
호와를 찬송할 것이요 거둔 자가 그
것을 나의 성소 뜰에서 마시리라 하
셨느니라
10 ○ 성문으로 나아가라 나아가라 백성
이 올 길을 닦으라 큰 길을 수축하고
수축하라 돌을 제하라 만민을 위하여
기치를 들라
11 여호와께서 땅 끝까지 선포하시되 너
희는 딸 시온에게 이르라 보라 네 구
원이 이르렀느니라 보라 상급이 그에
게 있고 보응이 그 앞에 있느니라 하
셨느니라
12 사람들이 너를 일컬어 거룩한 백성이
라 여호와께서 구속하신 자라 하겠고

또 너를 일컬어 찾은 바 된 자요 버림
받지 아니한 성읍이라 하리라

여호와의 승리

63
1 에돔에서 오는 이 누구며 붉은 옷
을 입고 보스라에서 오는 이 누구
냐 그의 화려한 의복 큰 능력으로 걷는
이가 누구냐 그는 나이니 공의를 말하
는 이요 구원하는 능력을 가진 이니라
2 어찌하여 네 의복이 붉으며 네 옷이
포도즙틀을 밟는 자 같으냐
3 만민 가운데 나와 함께 한 자가 없이
내가 홀로 포도즙틀을 밟았는데 내가
노함으로 말미암아 무리를 밟았고 분
함으로 말미암아 짓밟았으므로 그들
의 선혈이 내 옷에 튀어 내 의복을 다
더럽혔음이니
4 이는 내 원수 갚는 날이 내 마음에 있
고 내가 구속할 해가 왔으나
5 내가 본즉 도와 주는 자도 없고 붙들
어 주는 자도 없으므로 이상하게 여
겨 내 팔이 나를 구원하며 내 분이 나
를 붙들었음이라
6 내가 노함으로 말미암아 만민을 밟았
으며 내가 분함으로 말미암아 그들을
취하게 하고 그들의 선혈이 땅에 쏟
아지게 하였느니라

1】

2】

3】

4】

5】

6】

이스라엘에게 베푸신 은총

7 ○ 내가 여호와께서 우리에게 베푸신
모든 자비와 그의 찬송을 말하며 그
의 사랑을 따라, 그의 많은 자비를 따
라 이스라엘 집에 베푸신 큰 은총을
말하리라
8 그가 말씀하시되 그들은 실로 나의
백성이요 거짓을 행하지 아니하는 자
녀라 하시고 그들의 구원자가 되사
9 그들의 모든 환난에 동참하사 자기
앞의 사자로 하여금 그들을 구원하
시며 그의 사랑과 그의 자비로 그들
을 구원하시고 옛적 모든 날에 그들
을 드시며 안으셨으나
10 그들이 반역하여 주의 성령을 근심
하게 하였으므로 그가 돌이켜 그들의
대적이 되사 친히 그들을 치셨더니
11 백성이 옛적 모세의 때를 기억하여 이
르되 백성과 양 떼의 목자를 바다에서
올라오게 하신 이가 이제 어디 계시냐
그들 가운데에 성령을 두신 이가 이제
어디 계시냐
12 그의 영광의 팔이 모세의 오른손을
이끄시며 그의 이름을 영원하게 하려
하사 그들 앞에서 물을 갈라지게 하
시고
13 그들을 깊음으로 인도하시되 광야에

7】

8】

9】

10】

11】

12】

13】

있는 말 같이 넘어지지 않게 하신 이
가 이제 어디 계시냐
14 여호와의 영이 그들을 골짜기로 내려
가는 가축 같이 편히 쉬게 하셨도다
주께서 이와 같이 주의 백성을 인도
하사 이름을 영화롭게 하셨나이다 하
였느니라

자비와 사랑을 구하는 기도

15 ○ 주여 하늘에서 굽어 살피시며 주
의 거룩하고 영화로운 처소에서 보옵
소서 주의 열성과 주의 능하신 행동
이 이제 어디 있나이까 주께서 베푸
시던 간곡한 자비와 사랑이 내게 그
쳤나이다
16 주는 우리 아버지시라 아브라함은 우
리를 모르고 이스라엘은 우리를 인정
하지 아니할지라도 여호와여, 주는 우
리의 아버지시라 옛날부터 주의 이름
을 우리의 구속자라 하셨거늘
17 여호와여 어찌하여 우리로 주의 길에
서 떠나게 하시며 우리의 마음을 완
고하게 하사 주를 경외하지 않게 하
시나이까 원하건대 주의 종들 곧 주
의 기업인 지파들을 위하사 돌아오시
옵소서
18 주의 거룩한 백성이 땅을 차지한 지
오래지 아니하여서 우리의 원수가 주

14】

15】

16】

17】

18】

의 성소를 유린하였사오니
19 우리는 주의 다스림을 받지 못하는 자
같으며 주의 이름으로 일컬음을 받지
못하는 자 같이 되었나이다

19】

64

1 원하건대 주는 하늘을 가르고 강
림하시고 주 앞에서 산들이 진동
하기를
2 불이 섶을 사르며 불이 물을 끓임 같
게 하사 주의 원수들이 주의 이름을
알게 하시며 이방 나라들로 주 앞에
서 떨게 하옵소서
3 주께서 강림하사 우리가 생각하지 못
한 두려운 일을 행하시던 그 때에 산
들이 주 앞에서 진동하였사오니
4 주 외에는 자기를 앙망하는 자를 위
하여 이런 일을 행한 신을 옛부터 들
은 자도 없고 귀로 들은 자도 없고 눈
으로 본 자도 없었나이다
5 주께서 기쁘게 공의를 행하는 자와
주의 길에서 주를 기억하는 자를 선
대하시거늘 우리가 범죄하므로 주께
서 진노하셨사오며 이 현상이 이미
오래 되었사오니 우리가 어찌 구원을
얻을 수 있으리이까
6 무릇 우리는 다 부정한 자 같아서 우
리의 의는 다 더러운 옷 같으며 우

1】

2】

3】

4】

5】

6】

리는 다 잎사귀 같이 시들므로 우리
의 죄악이 바람 같이 우리를 몰아가
나이다
7 주의 이름을 부르는 자가 없으며 스
스로 분발하여 주를 붙잡는 자가 없
사오니 이는 주께서 우리에게 얼굴을
숨기시며 우리의 죄악으로 말미암아
우리가 소멸되게 하셨음이니이다
8 ○ 그러나 여호와여, 이제 주는 우리
아버지시니이다 우리는 진흙이요 주
는 토기장이시니 우리는 다 주의 손
으로 지으신 것이니이다
9 여호와여, 너무 분노하지 마시오며 죄
악을 영원히 기억하지 마시옵소서 구
하오니 보시옵소서 보시옵소서 우리
는 다 주의 백성이니이다
10 주의 거룩한 성읍들이 광야가 되었으
며 시온이 광야가 되었으며 예루살렘
이 황폐하였나이다
11 우리 조상들이 주를 찬송하던 우리의
거룩하고 아름다운 성전이 불에 탔으
며 우리가 즐거워하던 곳이 다 황폐
하였나이다
12 여호와여 일이 이러하거늘 주께서 아
직도 가만히 계시려 하시나이까 주께
서 아직도 잠잠하시고 우리에게 심한
괴로움을 받게 하시려나이까

7】

8】

9】

10】

11】

12】

하나님께서 패역한 백성을 벌하시다

65
1 나는 나를 구하지 아니하던 자에
게 물음을 받았으며 나를 찾지 아
니하던 자에게 찾아냄이 되었으며 내
이름을 부르지 아니하던 나라에 내가
여기 있노라 내가 여기 있노라 하였
노라
2 내가 종일 손을 펴서 자기 생각을 따
라 옳지 않은 길을 걸어가는 패역한
백성들을 불렀나니
3 곧 동산에서 제사하며 벽돌 위에서
분향하여 내 앞에서 항상 내 노를 일
으키는 백성이라
4 그들이 무덤 사이에 앉으며 은밀한
처소에서 밤을 지내며 돼지고기를 먹
으며 가증한 것들의 국을 그릇에 담
으면서
5 사람에게 이르기를 너는 네 자리에 서
있고 내게 가까이 하지 말라 나는 너
보다 거룩함이라 하나니 이런 자들은
내 코의 연기요 종일 타는 불이로다
6 보라 이것이 내 앞에 기록되었으니
내가 잠잠하지 아니하고 반드시 보응
하되 그들의 품에 보응하리라
7 너희의 죄악과 너희 조상들의 죄악은
한 가지니 그들이 산 위에서 분향하
며 작은 산 위에서 나를 능욕하였음

1】

2】

3】

4】

5】

6】

7】

년 월 일

이라 그러므로 내가 먼저 그들의 행
위를 헤아리고 그들의 품에 보응하리
라 여호와가 말하였느니라
8 ○ 여호와께서 이와 같이 말씀하시되
포도송이에는 즙이 있으므로 사람들
이 말하기를 그것을 상하지 말라 거
기 복이 있느니라 하나니 나도 내 종
들을 위하여 그와 같이 행하여 다 멸
하지 아니하고
9 내가 야곱에게서 씨를 내며 유다에게
서 나의 산들을 기업으로 얻을 자를
내리니 내가 택한 자가 이를 기업으
로 얻을 것이요 나의 종들이 거기에
살 것이라
10 사론은 양 떼의 우리가 되겠고 아골
골짜기는 소 떼가 눕는 곳이 되어 나
를 찾은 내 백성의 소유가 되려니와
11 오직 나 여호와를 버리며 나의 성산
을 잊고 갓에게 상을 베풀며 므니에
게 섞은 술을 가득히 붓는 너희여
12 내가 너희를 칼에 붙일 것인즉 다 구
푸리고 죽임을 당하리니 이는 내가
불러도 너희가 대답하지 아니하며 내
가 말하여도 듣지 아니하고 나의 눈
에 악을 행하였으며 내가 즐겨하지
아니하는 일을 택하였음이니라
13 ○ 이러므로 주 여호와께서 이와 같

8】

9】

10】

11】

12】

13】

이 말씀하시니라 보라 나의 종들은
먹을 것이로되 너희는 주릴 것이니
라 보라 나의 종들은 마실 것이로되
너희는 갈할 것이니라 보라 나의 종
들은 기뻐할 것이로되 너희는 수치를
당할 것이니라
14 보라 나의 종들은 마음이 즐거우므로
노래할 것이로되 너희는 마음이 슬프
므로 울며 심령이 상하므로 통곡할
것이며
15 또 너희가 남겨 놓은 이름은 내가 택
한 자의 저줏거리가 될 것이니라 주
여호와 내가 너를 죽이고 내 종들은
다른 이름으로 부르리라
16 이러므로 땅에서 자기를 위하여 복을
구하는 자는 진리의 하나님을 향하여
복을 구할 것이요 땅에서 맹세하는
자는 진리의 하나님으로 맹세하리니
이는 이전 환난이 잊어졌고 내 눈 앞
에 숨겨졌음이라

새 하늘과 새 땅 창조

17 ○ 보라 내가 새 하늘과 새 땅을 창조
하나니 이전 것은 기억되거나 마음에
생각나지 아니할 것이라
18 너희는 내가 창조하는 것으로 말미암
아 영원히 기뻐하며 즐거워할지니라
보라 내가 예루살렘을 즐거운 성으로

14】

15】

16】

17】

18】

창조하며 그 백성을 기쁨으로 삼고
19 내가 예루살렘을 즐거워하며 나의 백
성을 기뻐하리니 우는 소리와 부르짖
는 소리가 그 가운데에서 다시는 들
리지 아니할 것이며
20 거기는 날 수가 많지 못하여 죽는 어
린이와 수한이 차지 못한 노인이 다
시는 없을 것이라 곧 백 세에 죽는 자
를 젊은이라 하겠고 백 세가 못되어
죽는 자는 저주 받은 자이리라
21 그들이 가옥을 건축하고 그 안에 살
겠고 포도나무를 심고 열매를 먹을
것이며
22 그들이 건축한 데에 타인이 살지 아
니할 것이며 그들이 심은 것을 타인
이 먹지 아니하리니 이는 내 백성의
수한이 나무의 수한과 같겠고 내가
택한 자가 그 손으로 일한 것을 길이
누릴 것이며
23 그들의 수고가 헛되지 않겠고 그들이
생산한 것이 재난을 당하지 아니하리
니 그들은 여호와의 복된 자의 자손
이요 그들의 후손도 그들과 같을 것
임이라
24 그들이 부르기 전에 내가 응답하겠고
그들이 말을 마치기 전에 내가 들을
것이며

19】

20】

21】

22】

23】

24】

25 이리와 어린 양이 함께 먹을 것이며
사자가 소처럼 짚을 먹을 것이며 뱀
은 흙을 양식으로 삼을 것이니 나의
성산에서는 해함도 없겠고 상함도 없
으리라 여호와께서 말씀하시니라

25】

여호와께서 민족들을 심판하시다

66 1 여호와께서 이와 같이 말씀하시되
하늘은 나의 보좌요 땅은 나의 발
판이니 너희가 나를 위하여 무슨 집을
지으랴 내가 안식할 처소가 어디랴
2 나 여호와가 말하노라 내 손이 이 모
든 것을 지었으므로 그들이 생겼느니
라 무릇 마음이 가난하고 심령에 통
회하며 내 말을 듣고 떠는 자 그 사람
은 내가 돌보려니와
3 소를 잡아 드리는 것은 살인함과 다
름이 없이 하고 어린 양으로 제사드
리는 것은 개의 목을 꺾음과 다름이
없이 하며 드리는 예물은 돼지의 피
와 다름이 없이 하고 분향하는 것은
우상을 찬송함과 다름이 없이 행하는
그들은 자기의 길을 택하며 그들의
마음은 가증한 것을 기뻐한즉
4 나 또한 유혹을 그들에게 택하여 주
며 그들이 무서워하는 것을 그들에
게 임하게 하리니 이는 내가 불러도

1】

2】

3】

4】

대답하는 자가 없으며 내가 말하여도
그들이 듣지 않고 오직 나의 목전에
서 악을 행하며 내가 기뻐하지 아니
하는 것을 택하였음이라 하시니라
5 ○ 여호와의 말씀으로 말미암아 떠는
자들아 그의 말씀을 들을지어다 이르
시되 너희 형제가 너희를 미워하며
내 이름으로 말미암아 너희를 쫓아내
며 이르기를 여호와께서는 영광을 나
타내사 너희 기쁨을 우리에게 보이시
기를 원하노라 하였으나 그들은 수치
를 당하리라 하셨느니라
6 떠드는 소리가 성읍에서부터 들려 오
며 목소리가 성전에서부터 들리니 이
는 여호와께서 그의 원수에게 보응하
시는 목소리로다
7 ○ 시온은 진통을 하기 전에 해산하
며 고통을 당하기 전에 남아를 낳았
으니
8 이러한 일을 들은 자가 누구이며 이러
한 일을 본 자가 누구이냐 나라가 어찌
하루에 생기겠으며 민족이 어찌 한 순
간에 태어나겠느냐 그러나 시온은 진
통하는 즉시 그 아들을 순산하였도다
9 여호와께서 이르시되 내가 아이를 갖
도록 하였은즉 해산하게 하지 아니하
겠느냐 네 하나님이 이르시되 나는

5】

6】

7】

8】

9】

해산하게 하는 이인즉 어찌 태를 닫
겠느냐 하시니라
10 ○ 예루살렘을 사랑하는 자들이여 다
그 성읍과 함께 기뻐하라 다 그 성읍
과 함께 즐거워하라 그 성을 위하여
슬퍼하는 자들이여 다 그 성의 기쁨으
로 말미암아 그 성과 함께 기뻐하라
11 너희가 젖을 빠는 것 같이 그 위로하
는 품에서 만족하겠고 젖을 넉넉히
빤 것 같이 그 영광의 풍성함으로 말
미암아 즐거워하리라
12 여호와께서 이와 같이 말씀하시되 보
라 내가 그에게 평강을 강 같이, 그에
게 뭇 나라의 영광을 넘치는 시내 같
이 주리니 너희가 그 성읍의 젖을 빨
것이며 너희가 옆에 안기며 그 무릎
에서 놀 것이라
13 어머니가 자식을 위로함 같이 내가
너희를 위로할 것인즉 너희가 예루살
렘에서 위로를 받으리니
14 너희가 이를 보고 마음이 기뻐서 너
희 뼈가 연한 풀의 무성함 같으리라
여호와의 손은 그의 종들에게 나타나
겠고 그의 진노는 그의 원수에게 더
하리라
15 ○ 보라 여호와께서 불에 둘러싸여
강림하시리니 그의 수레들은 회오리

10】

11】

12】

13】

14】

15】

바람 같으리로다 그가 혁혁한 위세로
노여움을 나타내시며 맹렬한 화염으
로 책망하실 것이라
16 여호와께서 불과 칼로 모든 혈육에게
심판을 베푸신즉 여호와께 죽임 당할
자가 많으리니
17 스스로 거룩하게 구별하며 스스로 정
결하게 하고 동산에 들어가서 그 가
운데에 있는 자를 따라 돼지 고기와
가증한 물건과 쥐를 먹는 자가 다 함
께 망하리라 여호와의 말씀이니라
18 ○ 내가 그들의 행위와 사상을 아노
라 때가 이르면 뭇 나라와 언어가 다
른 민족들을 모으리니 그들이 와서
나의 영광을 볼 것이며
19 내가 그들 가운데에서 징조를 세워서
그들 가운데에서 도피한 자를 여러
나라 곧 다시스와 뿔과 활을 당기는
룻과 및 두발과 야완과 또 나의 명성
을 듣지도 못하고 나의 영광을 보지
도 못한 먼 섬들로 보내리니 그들이
나의 영광을 뭇 나라에 전파하리라
20 나 여호와가 말하노라 이스라엘 자손
이 예물을 깨끗한 그릇에 담아 여호
와의 집에 드림 같이 그들이 너희 모
든 형제를 뭇 나라에서 나의 성산 예
루살렘으로 말과 수레와 교자와 노새

16】

17】

18】

19】

20】

와 낙타에 태워다가 여호와께 예물로
드릴 것이요
21 나는 그 가운데에서 택하여 제사장
과 레위인을 삼으리라 여호와의 말
이니라
22 ○ 내가 지을 새 하늘과 새 땅이 내
앞에 항상 있는 것 같이 너희 자손과
너희 이름이 항상 있으리라 여호와의
말이니라
23 여호와가 말하노라 매월 초하루와 매
안식일에 모든 혈육이 내 앞에 나아
와 예배하리라
24 그들이 나가서 내게 패역한 자들의 시
체들을 볼 것이라 그 벌레가 죽지 아
니하며 그 불이 꺼지지 아니하여 모
든 혈육에게 가증함이 되리라

21】

22】

23】

24】

두돌비 성경 필사

03230
9 788985 583848
ISBN 978-89-85583-84-8 정가12,000원

창세기
표지 P.P / 189*256mm
212쪽 / 12,000원

출애굽기·레위기
표지 P.P / 189*256mm
268쪽 / 13,000원

민수기
표지 P.P / 189*256mm
160쪽 / 12,000원

신명기
표지 P.P / 189*256mm
144쪽 / 12,000원

여호수아·사사기·룻기
표지 P.P / 189*256mm
208쪽 / 12,000원

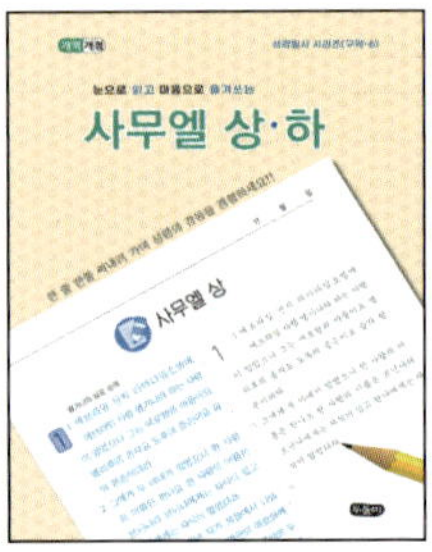

사무엘상·하
표지 P.P / 189*256mm
240쪽 / 13,000원

열왕기상·하
표지 P.P / 189*256mm
240쪽 / 13,000원

역대상·하
표지 P.P / 189*256mm
248쪽 / 13,000원

에스라·느헤미야·에스더
·욥기 / 189*256mm
228쪽 / 13,000원

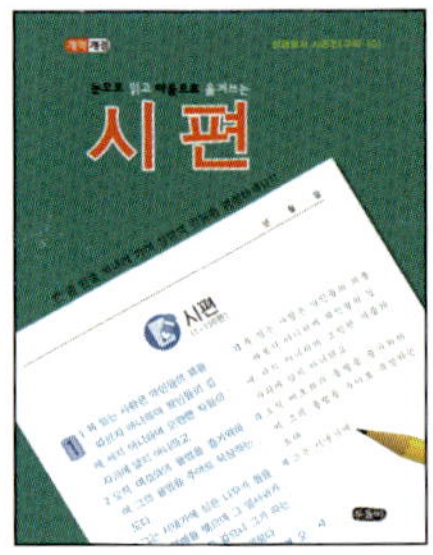

시편
표지 P.P / 189*256mm
264쪽 / 13,000원

잠언·전도서·아가
표지 P.P / 189*256mm
152쪽 / 12,000원

이사야
표지 P.P / 189*256mm
200쪽 / 12,000원

예레미야·예레미야애가
표지 P.P / 189*256mm
240쪽 / 13,000원

다니엘·에스겔
표지 P.P / 189*256mm
252쪽 / 13,000원

소선지서 (호세아~말라기)
표지 P.P / 189*256mm
168쪽 / 12,000원

마태·마가복음
표지 P.P / 189*256mm
208쪽 / 12,000원

누가·요한복음
표지 P.P / 189*256mm
240쪽 / 13,000원

사도행전·히브리서
표지 P.P / 189*256mm
164쪽 / 12,000원

바울서신(로마서~빌레몬)
표지 P.P / 189*256mm
264쪽 / 13,000원

일반서신·요한계시록
표지 P.P / 189*256mm
132쪽 / 12,000원